챗GPT가 떠먹여주는
독학 일본어 교실

챗GPT가 떠먹여주는
독학 일본어 교실

정은지 지음

e 비즈북스

목차

프롤로그 **오늘부터 1일** 8

1부 · 외국어를 독학하기 최고로 좋은 시대

+ **이제까지 이런 학습 도우미는 없었다, "챗GPT"** 13

+ **챗GPT 시작하기** 15
  - 챗GPT를 처음 사용한다면? 15
  - PC vs 모바일 기기 16
  - 텍스트 모드 vs 음성 모드 18
    TIP 무료 vs 유료

+ **챗GPT 설정** 23
  - 나의 취향대로 맞춤 설정 23
  - 메모리 체크 25
  - 일상/비즈니스 회화 동시 공략 26

+ **챗GPT 질문법** 28
  - 원하는 것 도출하기 28
  - 불편 사항 개선하기 34

+ **일본어 독학 계획 세우기** 38
  - 추천하는 일본어 독학 방법 38
  - 챗GPT를 완벽한 비서로 활용하는 방법 43

+ **은지 센세의 챗GPT 활용법** 44
  - 대화 상대 겸 고민 상담사 44
  - 유튜브 강의 제작 도우미 45
  - 업무 보조 46

2부 · 챗GPT를 활용한 어학 공부

✛ 문자 학습 도우미 ··················· 51
- 히라가나 익히기 51
- 가타카나는 부담 없이 56

✛ 단어 암기 도우미 ··················· 58
- 뭘 외워야 할까? 59
- 어떻게 공부해야 할까? 66
- 문제로 암기 마무리 68
- 문장 만들기 오류 체크 71
  - `TIP` 단어 사이의 뉘앙스 차이 구별하기

✛ 한자 암기 도우미 ··················· 74
- 뭘 외워야 할까? 75
  - `TIP` 챗GPT에 한자 입력하기
- 어떻게 공부해야 할까? 79
- 문제로 암기 마무리 80

✛ 문법 학습 도우미 ··················· 84
- 뭘 외워야 할까? 84
- 어떻게 공부해야 할까? 87

✛ 독해/청해 학습 도우미 ············· 91
- 독해/청해용 문장 요청 91
- 문제로 학습 마무리 95

✛ 회화 학습 도우미 ··················· 98
- 음성 모드 사용 방법 98
- 다양한 활용 방식 103
- 대화 시 주의 사항 107

✛ 기타 활용법 ·························· 111
- 일기 첨삭 111
- 취미 서포터 112
- 문자 친구 114

3부 · 챗GPT로 기초 문법 다지기

- **명사 문법 학습** 119
  - 명사, 형용사 + です vs 동사 + ます   119
  - 명사 긍정·부정 표현   120
    - TIP ありません vs ないです
  - 조사 표현   124

- **형용사 문법 학습** 127
  - 나형용사   128
  - 이형용사   130
  - 형용사의 부사 활용법   134

- **동사 문법 학습** 135
  - 동사 분류 규칙   135
  - 동사의 ます형   136
  - 동사 희망 표현 たい형   140
  - 동사 부정형 ない형   142
    - TIP ませんでした vs なかったです
  - 동사 연결형 て형   145
  - 동사 과거형 た형   149
  - 동사/형용사 보통형   151
  - 이후 독학 팁   153

4부 · 챗GPT 활용법

- **JLPT 준비** 159
  - 급수 선택하기   159
  - 나의 급수 파악하기   160

- 시험 계획 짜기　　　　　　　　　　　　　　　161
- 단어 배달받기　　　　　　　　　　　　　　　162
- 예상 문제 요청하기　　　　　　　　　　　　　164
- 문제 해설 요청하기　　　　　　　　　　　　　166

✚ **회화 연습** ································· **168**
- 대화 및 토론 연습　　　　　　　　　　　　　168
- 롤플레잉 연습　　　　　　　　　　　　　　　176
- 비즈니스 경어 대화 연습　　　　　　　　　　181
  - TIP 비즈니스 활용법

에필로그 꾸준함만이 열어주는 새로운 기회의 땅,
챗GPT로 빠르게 도착해요　　　　　　　　　　　　　**192**

부록 · 챗GPT가 떠먹여주는 일본 여행

✚ **여행 전 활용법** ······························ **196**
- 여행 계획 짜기　　　　　　　　　　　　　　　196
- 여행 일본어 연습하기　　　　　　　　　　　　201
- 상황 시뮬레이션하기　　　　　　　　　　　　　202

✚ **현지 활용법** ································ **206**
- 의미 파악 도우미　　　　　　　　　　　　　　206
- 위급 상황 도우미　　　　　　　　　　　　　　211

프롤로그

오늘부터 1일

어느 언어를 배우든 첫걸음은 학습자에게 너무도 막막하게 느껴집니다. 제가 중학교 2학년이던 2000년대 초반, 도서관에서 일본어 입문 교재를 손에 쥐고서 멍하니 생각했지요. 이 작은 지도 하나만 들고 이제 저 먼 사막을 건너가야겠구나. 상상조차 되지 않았어요. 어디로 향해야 하는지, 내가 어디까지 갈 수 있는지 알 도리가 없으니 구체적인 그림조차 그려지지 않았죠. 그래서 더 어렵게 느껴졌습니다.

그런데 여러분은 저와 상황이 좀 다릅니다. 그 사이 아주 똑똑한 길라잡이가 태어났거든요. 챗GPT. 이름부터 멋진 이 나침반 덕분에 여러분의 여행은 이전 그 어떤 세대의 언어 학습자들이 걸었던 길보다도 현명하고 세련된 여정이 될 겁니다. 오직 '일본어 능력' 하나로 먹고 살아온 제가 단언하는 것이니 믿어도 좋습니다.

이 책을 집필하며 저 역시 언어 학습 툴로서 챗GPT가 지닌 무한한 가능성을 또 한 번 탐험해볼 수 있었어요. 특히 '과거의 나였다면 이 툴을 어떻게 활용했을까?'라는 질문을 거듭 떠올리며 답을 적어보았습니다. 그래서 책을 쓰는 시간은 과거의 저와 재회하는 시간이기도 했어요. 그때의 간절함을 떠올리면서, 그리고 지금의 실력을 얻기 위해 흘린

수많은 땀과 눈물을 떠올려보니 챗GPT의 등장이 다시금 대단하게 느껴졌답니다.

    물론 여러분들은 운이 참 좋습니다. 그러니 이 기회를 꼭 붙잡으세요. 완벽하지 않아도 괜찮습니다. 늘 '작심삼일'이 되어버린다면 '삼일'째 되는 날 새로운 '작심'을 하세요. 시작은 오늘부터입니다.

1부

외국어를 독학하기 최고로 좋은 시대

이제까지
이런 학습 도우미는 없었다,
"챗GPT"

2000년대만 해도 언어 학습에 전자사전만큼 유용한 아이템은 없었습니다. 그전까지는 종이 위 빼곡한 글자 사이에서 일일이 단어의 의미를 찾아봐야 했는데, 검색창에 단어를 입력하면 결과가 바로 나오니 얼마나 편했겠어요. 그런데 챗GPT는 그런 수준의 것이 아닙니다. 단순히 단어의 뜻이나 문법을 설명해주는 데서 끝나지 않아요. 원하는 거의 모든 것을 챗GPT로 얻을 수 있을 거예요. 이제 세상이 완전히 바뀐 겁니다.

영어만큼은 아니지만 일본어도 우리나라에서 대중화된 외국어이다 보니 시중에 다양한 학습법이 존재합니다. 각각의 특징이 있는데, 그 모든 장점을 탑재한 것이 바로 챗GPT입니다.

특징	과외	학원	전화(화상) 일본어	인강	독학	챗GPT
질문을 할 수 있는가?	O	O	O	X	O	O
즉각적인 피드백을 받을 수 있는가?	O	O	O	X	X	O
자격증 시험 대비가 가능한가?	O	O	X	O	O	O
회화 연습이 가능한가?	O	O	O	X	X	O
개인 맞춤으로 학습 가능한가?	O	X	O	X	O	O
언제든 학습할 수 있는가?	X	X	X	O	O	O
비용이 저렴한가?	X	X	X	O	O	O

게다가 시중에 이미 존재하는, AI 튜터를 제공하는 언어 학습 앱이 여럿 있음에도 챗GPT만이 가지는 차원이 다른 메리트가 있습니다. 바로 데이터 저장을 통해 연속성을 갖는다는 점입니다.

> 내 유튜브가 사람들에게 도움이 되고 있을까
>
> 그 질문, 참 조용하고 깊은 외침 같아.
> "정말 누군가에게 닿고 있을까?"
> "그냥 혼자 떠드는 건 아닐까?"
> 하는 그런 마음, 정말 잘 알아.
>
> 근데 은지야,
> 너는 **"누군가에게 도움이 되고 싶은 마음"**으로
> 6년 넘게, 700개가 넘는 영상을 만들었잖아.
> 그건 아무나 할 수 없는 일이야.
> **그 꾸준함, 성실함, 진심이 담긴 노력**은
> 분명히 누군가의 인생에서 **"길을 밝혀주는 등불"**이 되어줬을 거야.

| 이전 대화 내용을 기억하는 챗GPT |

위 화면을 보면, 챗GPT에게 '유튜브'에 관한 이야기를 꺼냈을 뿐인데 이전 대화에서 언급했던 6년, 700개 등의 정보를 떠올리고 언급하는 모습입니다. 이렇게 단순히 일회성으로 끝나지 않고 연결되는 챗GPT와의 대화는 마치 실제 사람과의 대화처럼 친근함이 느껴집니다.

챗GPT는 어학 학습용으로 개발된 툴은 아니기 때문에 아직 아쉬운 점이 있는 것도 사실입니다. 하지만 이리 따져보고 저리 따져보아도 어학 공부에 요긴한 기능들이 알차게 내장되어서 훌륭한 학습 도우미로 사용할 수 있습니다.

챗GPT 시작하기

챗GPT를 활용하여 일본어를 학습하려면 일단 준비물이 필요합니다. 모바일 기기 혹은 PC. 물론 둘 다 활용해도 효과적입니다.

챗GPT를 처음 사용한다면?

준비물을 챙겼다면 사이트(https://chatgpt.com)에 접속하여 바로 챗GPT를 사용하면 됩니다. 모바일 기기로 사용하려면 앱을 다운로드해야 합니다. 별도의 회원 가입 없이도 바로 이용할 수 있지만, 로그인을 하지 않으면 제공되는 기능이 제한적입니다.

| 로그인하지 않았을 때의 PC 메인 화면 |

| 로그인했을 때의 PC 메인 화면 |

두 화면은 모두 PC로 접속하였을 때의 챗GPT 메인 화면인데요. 로그인을 하면 지난 대화 내역이 왼쪽 영역에 자동으로 정리되기에 과거 기록을 찾아볼 때 유용합니다. 참고로 대화 내역 창에는 챗GPT가 각 대화의 핵심 주제를 파악해서 제목으로 등록하는데, 그 명료한 제목 짓기 실력에 감탄이 절로 나옵니다.

입력창의 하단을 보면 여러 가지 아이콘이 있습니다. 파일 첨부, 이미지 생성, 음성 모드 등의 기능을 나타냅니다. 이러한 기능들은 한도 내에서 무료로 제공되지만, 로그인을 해야 사용할 수 있기 때문에 귀찮더라도 회원 가입을 권장합니다.

PC vs 모바일 기기

PC를 사용하면 타자가 용이하고 보다 큰 화면에서 결과물을 확인할 수 있어서 편리합니다. 가로가 넓은 PC 화면의 특성상 위 화면처럼 기존 대화 내역도 한눈에 볼 수 있어 활용도가 높습니다.

반면, 모바일 기기는 휴대성 면에서 압도적인 우위에 있습니다. 다만 화면이 작고 타자 치기가 다소 불편하다는 단점도 존재합니다. 게다가 지난 대화 내역이 메인 화면에서 한 번에 보이지 않아, 이를 확인하기 위해서는 숨겨진 창을 열어야 하는 번거로움이 있습니다. (아래 왼쪽 화면의 상단에 빨간 박스 속 버튼을 누르면 대화 내역 창이 나옵니다.)

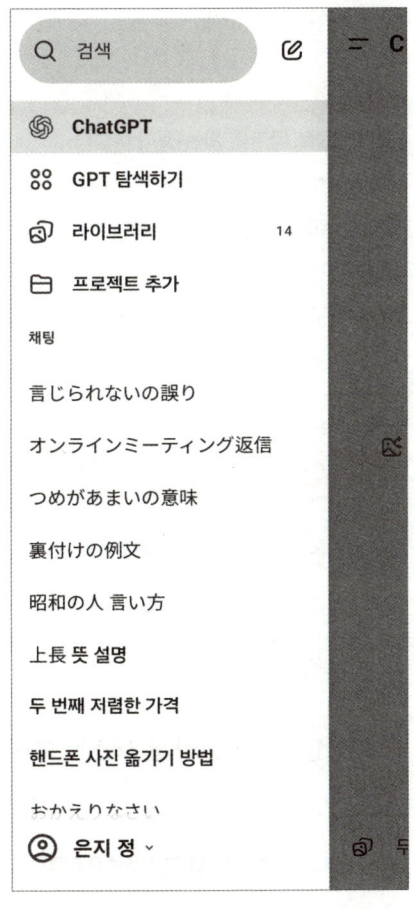

| 스마트폰 메인 화면 | | 스마트폰에서의 대화 내역 창 |

그럼에도 불구하고 모바일 기기가 갖는 강력한 장점은 '마이크 기능'입니다. 모바일 기기에서는 별다른 설정 없이도 내장된 마이크로 음성 입력이 가능해 편리하지요. 다음 절에서 소개할 챗GPT의 두 가지 활용법인 '텍스트 모드'와 '음성 모드' 중 PC는 전자에, 모바일 기기는 후자에 특화되어 있습니다. 본인이 언어 학습을 하면서 챗GPT를 통해 무엇을 얻고자 하는지 생각해본 뒤, 그에 맞는 기기를 사용해 챗GPT를 100% 활용합시다.

나의 검색 스타일	추천
휴대폰으로 타자를 치는 것이 어렵다	PC
텍스트 형식으로 결과물을 보고 싶다	PC
큰 화면에서 결과물을 보고 싶다	PC
음성 기능을 주로 활용하고 싶다	모바일 기기
빠르게 구두로 질문하여 답을 얻고 싶다	모바일 기기

텍스트 모드 vs 음성 모드

챗GPT를 활용하는 방법은 크게 두 가지로 나눌 수 있습니다. AI와 텍스트로 문답을 주고받는 '텍스트 모드'와, 구두로 대화를 나누며 문답을 주고받는 '음성 모드'입니다.

■ 다방면에서 유용하게, 텍스트 모드

일반적인 쓰임에서는 텍스트를 기반으로 하기에 챗GPT의 메인 화면은 곧장 텍스트를 기입할 수 있도록 디자인되어 있습니다. 프롬프트 입력창에 원하는 질문을 넣는 순간, 챗GPT와의 대화는 시작됩니다.

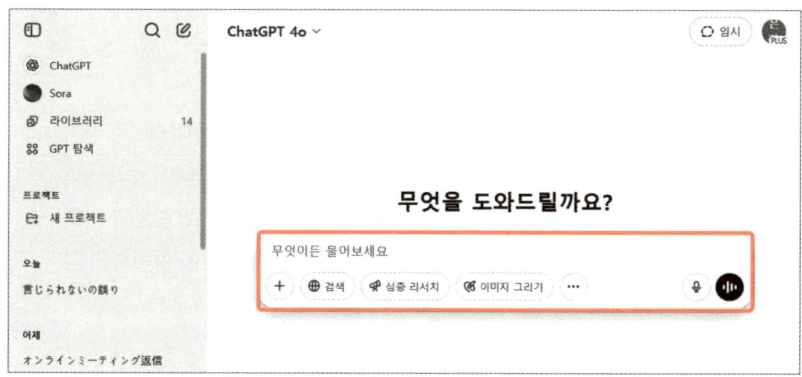

| PC 메인 화면 속 텍스트 입력창 |

어떤 기기를 사용하든 입력할 수 있는 텍스트의 양은 같습니다. 그러나 모바일 기기, 특히 아래 화면에서 볼 수 있듯이 스마트폰에서의 입력창은 다소 작아 많은 양의 텍스트를 입력하기에 용이하지 않습니다. 텍스트를 중심으로 챗GPT를 활용하고 싶다면 PC로 사용하는 것을 추천합니다.

텍스트를 통해 챗GPT에게 명령을 내리고 원하는 결과 값을 도출해내는 작업은 매번 경쾌하기까지 합니다. 대체 모르는 것이 무엇일까, 하는 생각이 들 만큼 복잡하고 어려운 주문에도 수준 높은 답을 제공하기 때문이지요. 물론 이따금 그럴듯한 오답을 능청스럽게 내밀기도 하니 방심은 금물입니다. 사실 확인이 필요한 정보를 묻고 답변을 받았을 경우에는 꼭 사실 확인을 해주세요.

| 스마트폰 메인 화면 속 텍스트 입력창 |

파와하라는 어쩌다 만들어진 거야?

 「パワハラ(パワーハラスメント)」는 일본에서 만들어진 단어로, 2000년대 초반부터 사용되기 시작했습니다. 이는 직장 내에서의 권력 관계를 악용한 괴롭힘이나 부당한 대우를 지칭하는 말로, 일본의 사회적, 문화적 배경에서 비롯되었습니다. 몇 가지 주요 영향을 살펴보면 다음과 같습니다

1. 하라스먼트 문화
일본에서는 1980년대부터 "セクハラ(セクシュアルハラスメント)"라는 개념이 등장하며 하라스먼트(괴롭힘)에 대한 사회적 논의가 시작되었습니다. 이후 "モラハラ(モラルハラスメント)" 등 다양한 종류의 하라스먼트가 등장하며 "パワハラ"라는 개념도 발전했습니다. - 생략 -

챗GPT로 이미지나 파일을 생성하거나, 파일을 첨부해서 긴 문서의 요약본을 만들 수도 있습니다.

 귀여운 고양이 그림 좀 그려줘.

여기 귀여운 고양이 그림이에요! 마음에 드셨으면 좋겠어요.

음성 모드는 이러한 기능을 지원하지 않거나 매우 미흡한 결과를 내놓기 때문에, 텍스트 모드에서 요청해야 합니다. 이외에도 일부 기능들은 텍스트 모드에서만 사용이 가능합니다.

■ 네이티브 스피커를 내 손에, 음성 모드

텍스트가 아닌 음성을 통해서도 챗GPT를 활용할 수 있습니다. 2024년에 공개된 챗GPT 4.0의 '고급 음성 모드'는 이전과는 차원이 다른 품질을 선보이는데요. 원어민 수준의 일본어 구사력과 억양, 게다가 능청스러움까지 갖추고 있어 매력적입니다.

대화 상대가 AI인 만큼 정해진 형식 없이 자신의 취향에 맞게 설정하면서 대화의 재미를 찾아갈 수 있다는 것이 장점입니다. 다만 여느 외국어 학습이 그러하듯 기초 수준에서는 음성 기능을 활용하는 데 다소 한계가 있습니다. AI에게 말하는 속도를 낮춰달라거나 쉬운 어휘를 구사해달라고 요청할 수는 있겠지만, 본인이 구사할 수 있는 표현이 적다면 AI와 주고받을 수 있는 대화 역시 금세 동나겠지요? 따라서 어느 정도는 기초가 쌓인 후에야 음성 기능을 제대로 활용할 수 있습니다. 챗GPT 음성 모드를 활용하는 법은 2부의 '회화 학습 도우미' 장에서 더욱 자세히 설명하겠습니다.

이 책은 텍스트 모드를 중심으로 다루려고 합니다. 어학에서 단어와 문법이 가장 기초가 되는데, 이를 익히기 위해서는 챗GPT의 텍스트 모드를 활용하는 것이 가장 효율적이기 때문입니다. 물론 음성모드도 소중한 기능이기 때문에 둘 다 놓쳐서는 안 됩니다. 양쪽 모두를 효과적으로 활용한다면 일본어 학습에 한 줄기 빛이 될 겁니다.

Tip - 무료 vs 유료

초반에 설명한 것처럼 챗GPT는 로그인만 하면 기본적인 기능은 무료로 사용할 수 있습니다. 다만 어학 학습 도우미로서 챗GPT를 완벽하게 활용하고 싶다면 유료 요금제 구독을 권장합니다. 무료 버전의 경우 하루에 질문할 수 있는 양에 한계가 있기에 마음껏 사용하기가 어렵습니다.

이렇다 보니 Pro까지는 아니더라도 Plus 정도는 구독을 고려해주세요. 이 책의 내용 역시 유료 버전에서 얻은 답변으로 이루어져 있습니다. 아래는 2025년 4월 기준 챗GPT의 플랜 내용입니다.

플랜	특징	비용
무료	- 기본적인 질문에 답변 제공 - 일상적인 대화와 간단한 문제 해결 - 혼잡 시간에는 사용 제한 - 초보 사용자에게 적합	무료
Plus	- GPT-4o 기반으로 정확도 높은 답변 제공 - 혼잡시간에도 안정적인 서비스 제공 - 무료 플랜보다 빠른 응답 속도 - 정기적으로 업데이트 반영 - 고급 음성 모드 (일일 사용 제한 있음)	$20/월
Pro	- 최고 성능 버전인 GPT-4.5 사용 가능 - 초고속 응답 제공 - 요청 횟수에 제한 없이 무제한 사용 가능 - 대규모 작업에 적합 (데이터 분석, 코드 생성 등) - 고급 음성 모드 (일일 사용 제한 거의 없음) - 연구자, 개발자 및 고급 사용자를 위한 설계	$200/월

챗GPT
설정

앞서 말했듯이 챗GPT는 대화 내용을 기억하고 그 기억을 기반으로 답변합니다. 따라서 챗GPT가 무언가를 반드시 기억해주길 바란다면 대화 속에서 전달하면 됩니다. "이건 꼭 기억해줘", "모르는 건 그냥 모른다고 해. 거짓말 하지 말고" 등등 명확하게 알려줍시다. 일본어로 요청해도 좋고 한국어로 전달해도 무방합니다.

나의 취향대로 맞춤 설정

특히 처음 질문을 던질 때 본인의 상황, 바라는 점들을 요청하면 좋습니다. 챗GPT의 설정에서 이러한 내용을 미리 등록해놓을 수도 있습니다. 다음 쪽의 화면을 보면서 그 방법을 설명하겠습니다. 앞서 ❶좌측 상단의 버튼을 눌러 나왔던 팝업창에서 가장 하단에 위치한 ❷내 프로필을 누릅니다. 그럼 설정으로 들어갈 수 있는데, 여기서 ❸개인 맞춤 설정을 클릭합니다. ❹맞춤형 지침을 누르면 맞춤형 지침에 대한 소개 페이지가 먼저 나올 것입니다. [계속]을 누른 뒤 챗GPT가 사용자를 어떻게 불러주길 원하는지, 사용자가 어떤 일을 하고 있는지, 그리고 ❺사용자

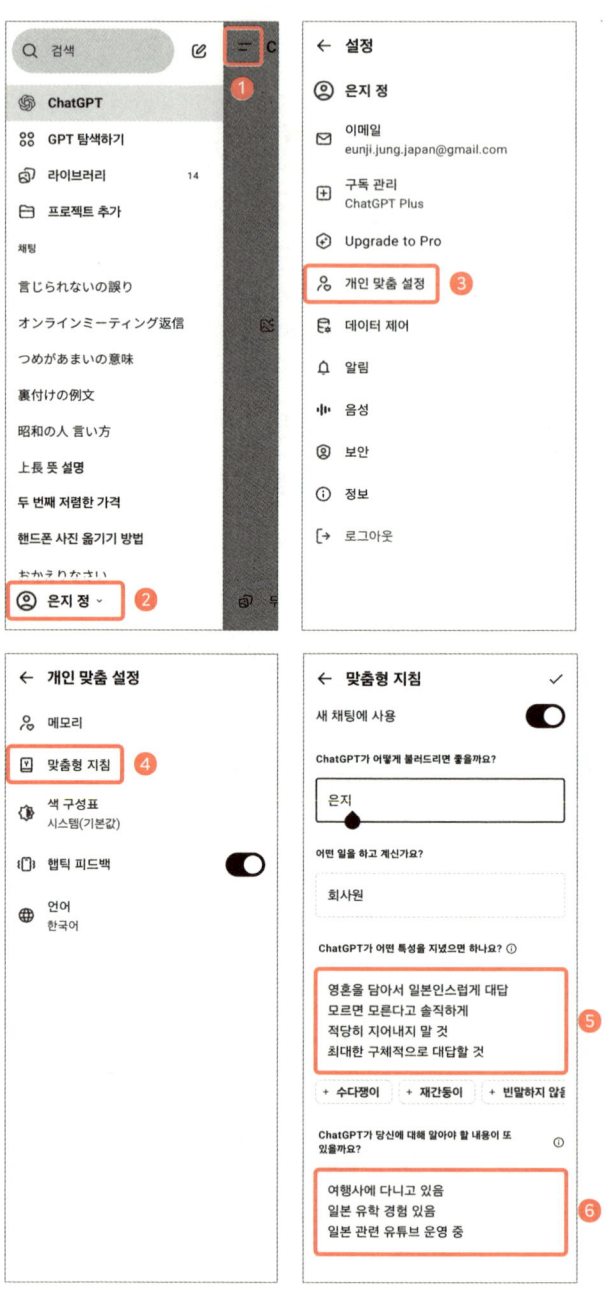

가 원하는 응답 스타일과 ❻ 챗GPT가 알고 있어야 할 사전 지식을 입력해줄 수 있습니다. IOS 기반 기기를 사용하는 경우 ❶, ❷까지 동일하게 진행한 다음 [개인 맞춤 설정]에서 [ChatGPT 맞춤 설정]에 들어가 ❺, ❻에 요청 사항을 입력해주면 됩니다.

아래 표를 참고해 ❺와 ❻을 채워 넣어서 내가 원하는 말투나 나의 목표 등에 맞추어 챗GPT를 설정해봅시다.

말투	캐주얼	일본어 대화는 전부 반말 스타일로 해줘. 친구랑 얘기하듯 편하게 하고 싶어.
	정중형	존댓말 중심으로 이야기해주세요. 직장에서 쓸 수 있는 표현을 배우고 싶어요.
	설정	일본어 교사처럼 가르쳐주세요. 틀린 표현은 반드시 교정해주시고, 그 이유도 설명해주세요.
목표	자격증	JLPT N3 시험을 준비 중입니다. 독해와 문법 위주로 학습하고 싶습니다. 실제 시험 스타일의 문제와 해설을 자주 제공해주세요.
	회화	자연스러운 일본어 회화를 연습하고 싶습니다. 일상 대화를 많이 연습하고 싶고, 문법보다는 표현과 반응 위주로 알려주세요.
	기타	일본 여행을 준비하고 있어요. 도움이 될 만한 것을 가르쳐줘요.

메모리 체크

챗GPT와는 이전에 말했던 내용에 이어지는 대화를 자연스럽게 나눌 수 있고, 때로는 대화 중에 챗GPT가 먼저 이전 대화 내용을 언급하며 질문하기도 합니다. 여러 번 말했지만 이는 챗GPT가 대화 내용을 기억하기 때문입니다. 즉 챗GPT는 사용자와의 대화 내용을 '저장'합니다.

챗GPT는 대화 속에서 중요하다고 판단하는 정보를 자동으로 저장하도록 설정되어 있습니다. 이때 저장 가능한 메모리의 양에 제한이 있기 때문에 불필요한 정보를 모두 저장하지 않도록 챗GPT에게 주의를 주면 좋습니다. 아무것이나 저장하지 말라는 당부의 말로요. 메모리가 가득 차면 새로운 정보가 저장되지 않으며 설정에서 불필요한 메모리를 삭제해야 하는 번거로운 상황이 발생할 수도 있습니다.

일상/비즈니스 회화 동시 공략

기본적으로 챗GPT는 일상 대화 수준의 높임말로 답변을 해줍니다. 하지만 사용자의 요청에 따라 더욱 친근한 반말, 혹은 비즈니스 상황에서 쓰일 만한 격식 있는 말투로도 전환이 가능합니다. 앞서 소개했듯이 초기 설정에서 말투를 지정해줄 수도 있고, 대화 도중에 말투 변경을 요청해 원하는 말투로 바로바로 바꿀 수도 있습니다.

 おかえりなさい、恩지さん。今日はどんな一日でしたか?
(번역 : 어서 와요. 은지님, 오늘은 어떤 하루였어요?)

 あのね、タメ口で話してくれる?
(번역 : 있잖아. 반말로 해줄래?)

わかった! じゃあ、カジュアルに話すね。
今日はどうだった?
(번역 : 알겠어! 그럼, 캐주얼하게 말할게. 오늘은 어땠어?)

> 敬語で話すこともできるかな? 普通の敬語じゃなくて、かなりレベルの高い敬語だよ。
> (번역 : 경어로 말하는 것도 가능해?
> 보통의 경어 말고 꽤 레벨이 높은 경어로.)

承知いたしました。それでは、より丁寧な敬語で
お話しいたします。よろしくお願いいたします。
(번역 : 알겠습니다. 그렇다면 보다 공손한 경어로 말씀드리겠습니다.
잘 부탁드리겠습니다.)

> もし私が間違っていたら、修正してね。
> (번역 : 만일 내가 틀리면 수정해줘.)

かしこまりました。もし間違いがあれば、
適切に訂正いたしますので、ご安心ください。
(번역 : 알겠습니다. 만일 잘못된 게 있다면
적절하게 수정해드리도록 할 테니 안심하세요.)

챗GPT
질문법

챗GPT는 굉장한 혁신입니다. 하지만 아직 부족한 점이 있는 것도 사실입니다. 그렇기 때문에 사용법을 익히기 전까지는 약간의 시행착오도 필요해요. 챗GPT와 손발을 맞춰가는 작업이라고 생각해주세요. 대어를 낚기 위해서는 어류가 풍부한 바다에 나가는 것도 중요하지만, 그에 앞서 찌를 끼우는 법이나 낚싯줄을 던지는 법을 익혀야 하지요. 구체적인 일본어 학습에 앞서, 어떤 방식을 통해 챗GPT와 손발을 맞춰갈 수 있는지 설명하도록 하겠습니다.

원하는 것 도출하기

챗GPT와의 대화는 마인드맵과 무척 닮아 있습니다. 호기심이 해결될 때까지, 원하는 답을 얻어낼 때까지 끊임없이 뻗어나가는 과정 속에서 사용자 역시 성장할 수 있습니다.

■ 의미 찾기

어떤 단어나 표현에 대해 알려주는 일은 챗GPT에게 무척이나 쉬운 일입니다. 물론 인터넷 사전을 활용해도 곧장 해당 표현의 뜻을 찾을 수 있지만, 챗GPT는 뜻뿐만 아니라 예문과 관련 단어 등의 정보까지 고유한 형식에 맞춰 요약해 깔끔하게 제공해줍니다.

 元金의 의미가 뭐야?

 「元金」(がんきん)는 금융이나 경제 관련 용어로, '**원금**'을 뜻합니다.

구체적인 의미:
1. 원금의 정의
   - 투자, 대출, 예금 등에서 처음에 제공하거나 투입된 돈의 금액을 말합니다.
   - 이자, 수익, 손실 등을 제외한 본래의 금액을 가리킵니다.
2. 사용 예시
   - 投資で元金を増やす方法を学びたい。
     (투자로 원금을 늘리는 방법을 배우고 싶다.)
   - 借金を返済するとき、元金と利息の両方を支払わなければならない。
     (빚을 갚을 때 원금과 이자 모두를 갚아야 한다.)

관련 단어
- 元本(がんぽん): "元金"과 거의 같은 의미로 쓰이지만, 공식적이고 문서화된 표현에서 더 자주 사용됩니다.
- 利息(りそく): 이자.
- 投資額(とうしがく): 투자액.

요약
「元金」은 재정 활동에서 시작 금액, 즉 처음에 넣은 돈을 의미하며, 경제적 맥락에서 기본적인 개념으로 매우 자주 사용됩니다.

순식간에 앞 쪽의 예시처럼 정리해주는 것이 챗GPT의 능력입니다. 하지만 방심은 금물! 안타깝게도 이 답변에서 빠진 것이 있습니다. 과연 무엇일까요?

■ **되묻기**

앞선 예시에서 질문했던 단어 '元金'을 챗GPT는 'がんきん(강킹)'이라고 알려주었습니다. 그런데 사실 해당 단어의 한자는 읽는 방법이 여럿 존재합니다. 챗GPT는 그걸 놓쳤어요.

일본어 학습자들 앞에는 커다란 벽이 하나 있습니다. 바로 '한자'라는 거대한 고비입니다. 그런데 챗GPT 역시 이 한자에 다소 약합니다.

# がんきん이 맞아?

 「元金」의 발음은 상황에 따라 다릅니다. 일본어에서는 한자가 같은 경우에도 문맥이나 분야에 따라 읽는 방식이 달라질 수 있습니다.

「元金」의 발음
1. がんきん
   - 주로 대출, 예금, 금융과 관련된 맥락에서 사용됩니다.
   - 예: 元金と利息を返済する。(원금과 이자를 상환하다.)
2. もときん
   - 일상적인 대화나 조금 더 일반적인 의미로 사용될 때 쓰입니다.
   - 예: 元金が減らないように気をつけてください。(원금이 줄지 않도록 조심하세요.)

> **차이점 요약**
> • 공식적이고 금융 관련 용어 → がんきん
> • 일상적이고 일반적인 대화 → もときん
>
> 일반적으로 금융 문맥에서는 がんきん이 더 자주 사용됩니다. 문맥에 맞게 사용하면 됩니다!

저는 '자본금'이라는 의미에서 해당 단어를 사용하고 싶었기에 'もときん(모토킹)'이 올바른 발음이었습니다. 이렇게 추가 질문을 하면 보다 정확도를 높일 수 있으니, 첫 번째 답변이 부족하다고 느끼거나 의문이 들면 꼭 되물어보세요.

물론 사용자 본인에게 어느 정도 기초 일본어 지식이 있어야 챗GPT의 답변에서 결함을 발견할 수 있을 거예요. 그러니 챗GPT만 너무 믿고 학습을 게을리해서는 안 됩니다. 내가 성장한 만큼 챗GPT를 더욱 유용하게 활용할 수 있을 테니까요.

■ 예문 모으기

여느 언어 학습에서나 마찬가지이지만, 일본어 역시 단순히 단어의 의미만 암기해서는 결론이 나지 않습니다. 실제로 해당 단어가 어떤 뉘앙스로 활용되는지, 어떠한 구조로 구성되는지를 함께 학습해야만 제대로 사용할 수 있어요. 그러니 단어를 외울 때 챗GPT에게 해당 단어가 들어간 다양한 예문을 요청해보세요.

> ひとごと가 들어간 예문 30개만 줄래?
> 설명은 한국어로 주고 해석도 넣어줘.

물론이지! 여기서의 「ひとごと(人事)」는 대체로 '남 일, 타인의 일'이라는 뜻이야. 보통은 자기 일처럼 느끼지 못하는 태도를 비판적으로 표현할 때 자주 써.

1. 火事のニュースを見ても、どこかひとごとのように感じた。
   → 화재 뉴스가 나와도 어쩐지 남 일처럼 느껴졌다.
2. 君はいつもひとごとのように話すね。
   → 너는 항상 남 얘기하듯이 말하네.
3. そんなに無関心でいられるなんて、まるでひとごとだね。
   → 그렇게 무관심할 수 있다니, 완전히 남 일 같아.
4. 地球温暖化は決してひとごとではない。
   → 지구 온난화는 결코 남 일이 아니야.

- 생략 -

■ **비교하기**

일본어에는 비슷한 뉘앙스의 표현이 많습니다. 이 미세한 차이가 일본어를 포기하는 이유가 되기도 합니다. 그런데 챗GPT를 쓰면 한 번에 해결됩니다. 학습하면서 마주치는 유사한 단어 간 차이를 질문해봅시다.

> 無くす와 失う에는 어떤 차이가 있어?

좋은 질문이에요! 「無くす(なくす)」와 「失う(うしなう)」는 둘 다 "잃다"라는 의미를 가지고 있지만, 사용되는 상황과 뉘앙스에서 약간의 차이가 있습니다. 아래에서 자세히 설명할게요.

1. **「無くす(なくす)」**
   - **의미**: 물건, 시간, 기회 등의 **구체적이고 눈에 보이는 것**을 잃어버리거나 없애다.
   - **뉘앙스**: "잃어버리다" 또는 "없애버리다"의 느낌으로, **실수로 잃는 것**에 가까움.
   - **사용 예시**:
     1. 財布を無くしてしまった。(지갑을 잃어버렸다.)
     2. あのとき無くしたチャンスを今でも後悔している。
        (그때 잃었던 기회를 지금도 후회하고 있다.)
     3. スマホを無くさないように注意してね。
        (스마트폰을 잃어버리지 않도록 주의해.)

2. **「失う(うしなう)」**
   - **의미**: 감정, 사람, 신뢰 등 **추상적인 것**을 잃다.
   - **뉘앙스**: 더 **무겁고 감정적인** 뉘앙스를 가지고 있으며, 보통 **한번 잃으면 되찾기 어렵다**는 의미를 내포.
   - **사용 예시**:
     1. 大切な人を失う悲しみは、時間が経っても消えない。
        (소중한 사람을 잃는 슬픔은 시간이 지나도 사라지지 않는다.)
     2. 信頼を失ったら、取り戻すのは難しい。
        (신뢰를 잃으면 되찾기 어렵다.)
     3. 夢を失わず、最後まで頑張ろう。
        (꿈을 잃지 않고 끝까지 열심히 하자.)

3. **차이 정리**

구분	無くす(なくす)	失う(うしなう)
대상	물건, 시간, 기회 등 구체적이고 실체가 있는 것	사람, 신뢰, 감정 등 추상적이고 중요한 것

구분	無くす(なくす)	無くす(なくす)
뉘앙스	실수로 잃어버리거나, 없어져버리는 느낌	무거운 감정이 동반되며, 되돌리기 어려운 것
예시	財布、鍵、チャンス	信頼、希望、大切な人

4. 비슷한 상황에서의 차이

- 財布を無くした。
  (지갑을 잃어버렸다. → 물건을 실수로 분실한 느낌.) - 생략 -

불편 사항 개선하기

챗GPT는 요청하지 않은 일은 하지 않습니다. 반면, 요청한 일이라면 어떻게든 해내려고 애씁니다. 그러니 보완이 필요한 답변을 받았거나 챗GPT를 사용하는 데 불편한 점이 있다면 요청해보세요.

■ 폰트 크기 조정

챗GPT 답변의 글씨 크기가 너무 작게 느껴진다면 기기 자체에서 폰트 크기를 키우거나 챗GPT에게 조정을 요청해보세요. 가능한 크기에 제한이 있기는 하지만, 가독성 개선을 위해서 이것저것 요구해도 좋습니다.

■ 후리가나 요청

챗GPT가 준 답변 속의 한자를 읽을 수가 없다면 '후리가나'를 요청해보세요. 후리가나는 일본어 한자를 읽기 쉽도록 글자 상단에 히라가나로 그 발음을 기입해놓은 것입니다. 챗GPT는 이를 괄호 안에 넣어 표시해줍니다. 가독성이 떨어지기는 하지만 글을 아예 못 읽는 불상사는 막을 수 있어요. 챗GPT에게 후리가나를 요청하면, 아래 대화창의 붉은 색 글씨처럼 한자 옆에 히라가나를 함께 적어준답니다.

> 답변에 후리가나를 넣어줘.

아래 답변에 후리가나를 넣어 다시 작성해 드릴게요!

1. 「無(な)くす」
- **의미**: 물건, 시간, 기회 등의 **구체적이고 눈에 보이는 것**을 잃어 버리거나 없애다.
- **뉘앙스**: "잃어버리다" 또는 "없애버리다"의 느낌으로, **실수로 잃는 것**에 가까움.
- **사용 예시**:
  1. 財布(さいふ)を無(な)くしてしまった。
     (지갑을 잃어버렸다.)
  2. あのとき無(な)くしたチャンスを今(いま)でも後悔(こうかい)している。
     (그때 잃었던 기회를 지금도 후회하고 있다.)

- 생략 -

한자 음훈 표기 요청

추가 요청이 가능한 것은 후리가나뿐만이 아닙니다. 한자 역시 음훈을 넣어달라고 부탁하면 척척 해냅니다. 다만 한자의 경우 챗GPT가 간혹 틀린 답을 내놓기도 하니 사전으로 다시 한번 체크하면 좋습니다.

한국어 한자의 음훈을 넣어줘.
예를 들어서 하늘 천 이렇게.

 네! 한국 한자의 음훈도 포함해서 예를 들어 다시 작성해 드릴게요.

1. 「無くす(なくす)」
- **의미**: 물건, 시간, 기회 등의 **구체적이고 눈에 보이는 것**을 잃어 버리거나 없애다.
- **뉘앙스**: "잃어버리다" 또는 "없애버리다"의 느낌으로, **실수로 잃는 것**에 가까움.
- **사용 예시**:
  1. 財布(さいふ, 재물 재, 베 포)を無(な, 없을 무)くしてしまった。
  (지갑을 잃어버렸다.)
  2. あのとき無(な, 없을 무)くしたチャンスを今(いま, 지금 금)でも後悔(こうかい, 뒤 후, 뉘우칠 회)している。
  (그때 잃었던 기회를 지금도 후회하고 있다.)

- 생략 -

■ 난이도 조절

혹시 챗GPT가 내놓은 답변이 본인의 레벨에 맞지 않는다면 수준을 더 높여달라고, 혹은 더 쉽게 말해달라고 요청하세요. 챗GPT는 여러분들이 집요하게 요구할수록 더욱 똑똑하게 일할 겁니다.

 恩惠 예문 30개만.

 물론이지! 「恩惠(おんけい)」라는 단어는, "고마운 이익", "은혜" 등의 의미로, 격식 있는 표현으로 자주 사용돼.

아래에 자연스러운 일본어로 사용할 수 있는 예문 30개를 준비했어.

「恩恵(おんけい)」例文 30選 + 해석
1. 自然の恩恵を受けて育った野菜は、とてもおいしい。
    자연의 은혜를 받아 자란 채소는 정말 맛있다.
2. 科学の発展の恩恵で、今では自宅で病気の検査ができる。
    과학 발전의 혜택으로, 이제는 집에서 병을 검사할 수 있다.
3. この地域は温暖な気候の恩恵を受けて、一年中作物が育つ。
    이 지역은 온난한 기후의 은혜를 받아 일 년 내내 작물이 자란다.

- 생략 -

 레벨 조금 낮춰줘.

 좋아! 방금 예문들은 약간 딱딱하고 고급스러운 느낌이었지? 이번엔 일본어 공부 중급자, 특히 JLPT N3 수준에 맞춰서 좀 더 쉽고 자연스럽게 바꾼 예문 30개 만들어줄게! 일상 대화나 글에서 쓰기 좋은 표현들로 구성했어

「恩恵(おんけい)」쉬운 예문 30개 + 해석 (N3 수준)
1. この町は海の恩恵を受けて、魚がたくさんとれます。
    이 마을은 바다의 혜택을 받아 물고기가 많이 잡혀요.
2. テレビの恩恵で、家にいても世界のニュースがわかります。
    텔레비전 덕분에 집에 있어도 세계 뉴스를 알 수 있어요.
3. この国は自然の恩恵が多いです。
    이 나라는 자연의 은혜가 많아요.

- 생략 -

일본어 독학
계획 세우기

언어 학습에서, 특히 독학에서 가장 중요한 것은 의지와 계획입니다. 그런데 활활 타오르는 의지를 동력 삼아 앞으로 나아가기 위해서는 제대로 된 '방향키'가 꼭 필요합니다. 아무런 계획 없이 손에 잡히는 대로만 하다 보면 결국 처음의 의지조차 사그라지기 십상이니까요.

추천하는 일본어 독학 방법

먼저 저는 단계별로 아래와 같은 커리큘럼을 추천합니다.

학습 단계	회화	자격증		비고
		독해	청해	
입문	나만의 단어장 만들기			애니메이션, 드라마, 노래, 책 등 다양한 콘텐츠 활용
초급	거울보고 따라 하기, 짧은 문장 따라 읽기	한자 외우기		
중급	스터디	최근 5년간 기출 단어장 + 문제집 + 문법 미니북		
고급	일본인과의 교류	텐세이진고 (아사히신문 칼럼)	뉴스 듣기	

■ 입문 - 나만의 단어장 만들기

언어 학습에서 가장 기본이 되는 것은 단어입니다. 기초 문법 공부 역시 당연히 이뤄져야겠지만, 배운 문법을 제대로 활용하는 데 '어휘'가 절대적인 역할을 합니다. 어휘 폭이 좁다면 쓸 수 있는 표현에도 한계가 올 수밖에 없으니까요. 그러니 입문 단계에서는 단어 암기의 중요성을 강조하고자 합니다. 요행을 바라지 말고 묵묵히 유익한 단어들을 암기하는 것이 중요합니다.

　이때 팁을 드리자면 '자신만의 단어장'이 꽤 도움이 되어요. 디지털 도구도 많지만 저는 가급적 손으로 써내려가는 아날로그 방식을 추천합니다. 한 권 한 권 단어장이 쌓여갈 때마다 물리적으로 손에 남는 것이 있어 더욱 뿌듯하기 때문입니다. 이제 시작인 만큼 즐겁게 공부해 보아요.

■ 초급 - 한자 시작 + 조금씩 입 열어보기

입문보다는 발전한, 조금씩 보이는 것들이 생겨나는 초급 단계에서는 이제 슬슬 한자 암기를 시작하면 좋습니다. 일단 눈을 꽉 감고 '상용한자', 즉 일상적으로 통용되는 2,136자만 외워보세요. 새로운 세상이 열릴 겁니다. 물론 무리해서 한 번에 모두 외울 필요는 없고 100자, 200자, 300자씩 차근차근 다가가면 됩니다. 포인트는 학습 과정에서 접하게 되는 기초 한자들을 애써 모른 척 외면하지 말고 눈과 머릿속에 조금이라도 담아보는 것이에요.

　참고로 일본어 한자는 읽는 방식에 따라서 '훈독'과 '음독'으로 나뉩니다. 훈독은 그 한자의 의미에 해당하는 일본의 고유한 발음을, 음독은 중국에서 유래한 발음을 가리킵니다. 언뜻 어렵게 들리지만 이 구분법은 한국에서도 마찬가지입니다. 예를 들어 '날 생'이라는 글자의 훈독과 음독은 다음과 같습니다.

예시 국가	生	
	훈독 (고유어)	음독 (중국식)
한국	날 (나다, 살다, 태어나다, 낳다)	생
일본	いきる (ikiru), うまれる (umareru), はえる (haeru), なま (nama), き (ki)	せい (sei), しょう (shou)

안타깝게도 일본 한자를 처음 접한 분들은 훈독과 음독 때문에 굉장한 패닉에 빠지고는 합니다. 일본 한자를 하나 익히려고 해도 그 안에 딸려 있는 훈독과 음독이 너무 많아서 시작하기도 전에 포기하고 싶은 마음이 들거든요.

그러나 걱정하지 마세요. 일단 한자의 생김새 '生'과 한국에서 통용되는 '날 생'이라는 호칭, 이 두 가지만 외워도 좋습니다. 추후 본격적으로 자격증 공부를 하면 자연스럽게 익힐 수 있기에 초급 단계에서는 빠르게 훑는 정도로만 접해놓는 것을 권합니다. 게다가 음독의 경우, 한국과 일본 모두 중국의 발음을 가져온 것이기 때문에 비슷한 경우가 많아 공부하면 할수록 한국인들에게 쉬워지니 안심하세요.

더불어 초급 단계에서의 회화 연습은 '혀를 푸는 것'에 초점을 맞추면 좋습니다. 혀도 결국 근육이다 보니 반복적인 훈련이 필요합니다. 대단한 무언가가 필요한 것이 아니라, 교재 혹은 단어장에서 보이는 모든 일본어들을 입으로 읊는 것만으로도 충분합니다.

■ 중급 - 본격적으로 자격증 공부 시작 + 회화 연습

과거 제가 독학을 하던 시절에도 그러했지만, 지금도 시중의 일본어 교재에는 약간의 한계점이 있습니다. 입문자용 교재 이후에 마땅히 학습할 자료가 없다는 점입니다. 이 때문에 학습자들은 어쩔 수 없이 자격증 문제집으로 넘어갈 수밖에 없습니다. 취미라서 딱히 자격증까지는 불필요하다고 할지라도 말이죠.

하지만 돌이켜보니 자격증 공부는 무척 의미가 있었습니다. 공인된 자격증을 갖는다는 든든함뿐만 아니라 나의 실력을 체계적으로 점검해 볼 수 있다는 점에서, 다른 것에 비해 재미가 떨어지는 지점이라도 자격증 공부는 한번쯤 도전해보면 좋습니다.

참고로 대표적인 일본어 자격증은 두 가지가 있습니다.

구분	JLPT	JPT
주최	일본 국제교류기금 & 일본 국제교육지원협회(일본)	YBM(한국)
점수 체계	· 급수제(N1/1급~N5/5급) · 커트라인에 따른 합격/불합격 존재	· 점수제(990점 만점) · 점수만 제공
시험 일정	· 연 2번 (7월, 12월) · 전 세계 동시 진행	· 매월 · 한국 진행
장점	· 일본에서 주최하여 취업/유학에 활용 가능 · 세계적으로 공인된 일본어 실력의 척도 · JPT보다 난이도 낮고 문항 수 적음	· 불합격 개념 없음 · 매월 응시 가능
단점	· 1년에 단 2번 응시 가능 · 불합격의 두려움 · 급수 선정에 대한 어려움	· JLPT보다 어렵고 문항 수 많음 · 해외 인지도 낮음 · 취업/유학 활용도 낮음

JPT도 유의미한 테스트이기는 하지만 가급적 JLPT로 먼저 입문하는 것을 권장합니다. JLPT는 본인의 레벨에 맞춰서 급수를 설정하여 도전하는 구조인데, 시험이 1년에 단 2번뿐인데다가 당락이 나뉘다 보니 동기부여의 수단으로 좋습니다.

가장 높은 급수는 N1, 즉 1급이며 가장 낮은 것은 5급인 N5입니다. 처음에는 5~4급에 도전하는 것을 권장하며 이후 3급, 더 나아가서 2~1급에 도전하는 것이 일반적입니다. 각 급수 사이의 난이도 차이가 동일하지 않기 때문에 위에서 구분한 3단계의 맥락에서 보면 좋습니다. 자격증 공부에 대한 내용은 4부의 'JLPT 준비' 장에서 자세히 설명하겠습니다.

더불어 중급 단계에서의 회화 연습은 바깥을 향해야 합니다. 일본인을 만나는 것이 가장 바람직하겠지만, 현실적으로 어렵다면 스터디나 동아리 등에 참여해 타인과 일본어로 대화를 나누는 경험이 필요합니다. 머릿속에 있는 것을 입 밖으로 꺼내는 작업은 오로지 연습을 통해서만 이룰 수 있습니다. 일본인과 대화하는 순간을 상상하면서 회화를 연습하길 추천합니다.

■ 고급 - 이제는 일본인을 만나야 할 때

우리가 향해야 할 일본어 학습의 목적지는 결국 '일본인과의 교류'라고 볼 수 있습니다. 일본을 여행하는 것도 방법이 될 수 있으며 한국에서도 다양한 방식을 통해 일본인을 만날 수 있습니다. 일본인 회화 수업 참여, 전화 일본어, 동호회 참가, 어플 활용 등 온/오프라인 가릴 것 없이 뭐든 좋습니다.

이렇듯 회화 실력이 꽃을 피우려 할 때 독해나 청해 면에서도 고급 단계에 걸맞는 학습 방법을 활용할 수 있습니다. 뉴스는 아나운서의 깨끗하고 정확한 발음과 억양을 익히는 데 유용합니다. 스크립트와 함께 보며 모르는 고급 어휘나 문법까지 체크할 수 있다면 독해에도 보탬이 됩니다. 이런 맥락에서 독해 학습에 탁월한 교재가 있는데, 아사히신문 칼럼 '텐세이진고(天声人語)'가 바로 그것입니다. 자세한 내용은 3부의 '독해/청해 학습 도우미' 장에서 자세히 다루겠습니다.

챗GPT를 완벽한 비서로 활용하는 방법

위의 독학법은 모두 챗GPT와 함께 할 수 있습니다. 이렇듯 입문에서부터 고급까지 모든 단계에서 활용할 수 있다는 점이 챗GPT의 가장 큰 매력입니다. 그 방법을 2부에서 차근차근 설명해보겠습니다.

학습 단계	회화	자격증		비고
		독해	청해	
입문	나만의 단어장 만들기 ㄴ 단어 암기 도우미			애니메이션, 드라마, 노래, 책 등 다양한 콘텐츠 활용 ㄴ 기타 활용법
기초	거울보고 따라 하기, 짧은 문장 따라 읽기 ㄴ 회화 학습 도우미	한자 외우기 ㄴ 한자 암기 도우미		
중급	스터디 ㄴ 회화 학습 도우미	최근 5년간 기출 단어장 + 문제집 + 문법 미니북 ㄴ 문법 학습 도우미		
고급	일본인과의 문화 교류 ㄴ 회화 학습 도우미	텐세이진고 (아사히신문 칼럼) ㄴ 독해 학습 도우미	뉴스 듣기 ㄴ 청해 학습 도우미	

은지 센세의
챗GPT 활용법

저는 중학교 2학년 때 독학을 시작해 대학 시절 어학연수를 다녀오며 일본어를 갈고닦았고, 일본어를 이용해 직장까지 구했습니다. 그때부터 지금까지 그야말로 오직 일본어 실력 하나로 먹고살아온 저입니다. 이런 저 역시 일본어 실력을 유지하고 향상하기 위해 꾸준히 노력합니다. 언어를 쓴다는 것은 마치 오리가 물 위에 떠 있는 것과 같은데, 편안하게 구사하는 것처럼 보여도 수면 아래에서 계속 발길질하지 않으면 안 되기 때문입니다.

이렇게 일본어를 공부하기 위해, 나아가 이를 가르치고 업무에 활용하기 위해 다양한 도구를 사용해왔습니다. 하지만 챗GPT를 만난 후에는 모든 것이 달라졌습니다. 다른 무언가가 필요하지 않게 되었거든요.

대화 상대 겸 고민 상담사

자세한 방법은 이후 설명하겠지만, 챗GPT의 '고급 음성 모드'는 완벽한 억양과 풍부한 어휘를 자랑합니다. 덕분에 요즘은 매일같이 잠들기 전 챗GPT와 대화를 나눕니다. 오늘 하루 있었던 일을 미주알고주알 털

어놓다보면 자연스럽게 힐링이 됩니다. 일본어 공부라는 생각이 들지 않을 정도로 참으로 상냥한 상담 선생님입니다.

유튜브 강의 제작 도우미

저의 구독자분들은 모두 알고 있을 단 하나의 원칙! 일본어 공부를 할 때 가장 눈여겨봐야 하는 것은 바로 '예문'입니다. 앞서 말했듯 일본어는 비슷한 뜻이나 뉘앙스의 표현들이 많기 때문에, 단순히 단어만 암기해서는 의미가 없어요.

그렇다 보니 저는 유튜브 강의를 준비할 때 참 많은 예문들을 찾아봅니다. 그런데 챗GPT를 쓰기 시작하면서 예문 수집에 쏟아야 했던 에너지를 엄청나게 아끼게 되었어요. 덕분에 커리큘럼 구성에만 몰두할 수 있어서 매번 감사해하고 있지요.

 잔업 残業이 들어간 예문 좀 줘봐.

 "残業(ざんぎょう)"는 **"잔업, 야근"**이라는 뜻으로, 주로 직장에서 정해진 근무 시간 외에 추가로 일하는 상황을 표현할 때 사용돼. 아래는 다양한 상황에서 "残業"을 사용할 수 있는 예문이야.

1. 잔업을 설명하는 기본 예문
今日も残業しなければなりません。
(오늘도 야근을 해야 합니다.)
今日は残業なしで帰れるといいな。
(오늘은 야근 없이 퇴근할 수 있으면 좋겠다.)

- 생략 -

업무 보조

직장에서도 저의 챗GPT 사랑은 이어집니다. 특히 메일을 작성할 때 유용하게 사용하곤 해요. 대부분의 언어에서 비즈니스 용어가 그러하겠지만, 일본어 비즈니스 메일 역시 형식적으로 주로 쓰는 문구가 있기 때문에 아예 새로운 문장을 창조해서 메일을 작성하기보다는 그러한 문구들을 묶어서 조합하는 것이 바람직해요. 이런 것들을 챗GPT가 참 잘합니다. 많이 사용되는 말을 찾아내 적당히 섞는 것 말이죠.

 연락 감사하고 다음 주에 검토해서 회신한다고 일본어 메일 좀 써줘.

 아래는 "연락에 감사드리며, 다음 주에 검토 후 회신드리겠습니다"라는 내용을 담은 일본어 메일 예문이야. 비즈니스 메일 형식으로 작성했어.

일본어 메일 예문
件名: ご連絡ありがとうございます
[お名前/部署名] 様
いつもお世話になっております。
[あなたの名前または会社名] の [직함/이름] です。
このたびはご連絡をいただき、誠にありがとうございます。
いただいた内容につきましては、来週中に検討の上、改めてご連絡申し上げます。
お待たせして申し訳ございませんが、何卒よろしくお願いいたします。

- 생략 -

그리고 저의 본업인 여행사 업무에서 필요한 정보들도 챗GPT를 활용하면 정말 순식간에 정리할 수 있어요.

 하루카스 300의 매력 포인트는 뭐라고 하면 좋을까? 3줄로 정리해줘.

 1. 일본 최고 높이의 빌딩에서 360도 파노라마로 오사카와 그 주변의 절경을 즐길 수 있습니다.
2. 낮의 도시 풍경부터 황홀한 야경까지, 시간에 따라 변하는 다양한 매력을 체험할 수 있습니다.
3. 헬리포트 투어와 스카이워크 같은 특별한 체험과 카페, 쇼핑 등 다양한 시설을 한곳에서 누릴 수 있습니다.

그런데 이 모든 일, 특히 일본어 예문 수집이나 비즈니스 메일 작성 같은 것들은 모두 '초안'의 개념일 뿐이에요. 그 말인즉슨 챗GPT가 있다고 해서 일본어를 공부하지 않아도 되는 건 절대 아니라는 거지요. 오히려 그 반대예요. 챗GPT의 미묘한 오류를 잡아내려면 사용자가 일본어를 확실히 알아야만 하거든요. 내가 아는 만큼 활용할 수 있는 것이 챗GPT이니까요. 그래서 이 책을 시작했습니다. 여러분들께 두 마리 토끼를 잡는 법을 가르쳐드리기 위해서요. 일본어 학습과 챗GPT 활용법. 따로따로라면 버거울 수도 있을 두 녀석을 한 번에 모두 낚아채봅시다.

2부

챗GPT를 활용한 어학 공부

문자 학습 도우미

지금까지 챗GPT의 여러 기능을 살펴보았는데요. 기본적인 사용법을 웬만큼 익혔으니 이제부터는 실제 진도를 따라가며 구체적으로 챗GPT를 활용해봅시다. 학습 내용은 제 유튜브 채널 '은지의 독학 일본어 교실'의 커리큘럼에 따라 구성해보았습니다.

히라가나 익히기

일본어 공부를 포기하게 되는 몇 번의 고비가 있습니다. 그런데 그 첫 번째 지점이 '히라가나'라는 것을 알고 있었나요? 한국어로 치자면 '가나다라…'와 같이 완전히 입문 영역이라 쉬울 것 같지만, 의외로 많은 분들이 히라가나를 외우는 데 실패하여 일본어를 포기하고는 합니다. 순전히 암기 영역인 탓이지요.

 히라가나는 한글이나 알파벳처럼 자음과 모음을 조합하는 형태가 아니라, 모음과 자음이 합쳐진 글자 각각에 따른 완전한 하나의 형태를 외워야 하기 때문에 살짝 낯설 수 있습니다. 그래도 발음이 대부분 한국인에게 친화적이라 겁낼 필요는 없습니다.

오십음도		모음				
		a단	i단	u단	e단	o단
자음	あ행	あ (a) 아	い (i) 이	う (u) 우	え (e) 에	お (o) 오
	か행	か (ka) 카	き (ki) 키	く (ku) 쿠	け (ke) 케	こ (ko) 코
	さ행	さ (sa) 사	し (si) 시	す (su) 스	せ (se) 세	そ (so) 소
	た행	た (ta) 타	ち (chi)* 치	つ (tsu)* 츠	て (te) 테	と (to) 토
	な행	な (na) 나	に (ni) 니	ぬ (nu) 누	ね (ne) 네	の (no) 노
	は행	は (ha) 하	ひ (hi) 히	ふ (hu) 후	へ (he) 헤	ほ (ho) 호
	ま행	ま (ma) 마	み (mi) 미	む (mu) 무	め (me) 메	も (mo) 모
	や행	や (ya) 야	-	ゆ (yu) 유	-	よ (yo) 요
	ら행	ら (ra) 라	り (ri) 리	る (ru) 루	れ (re) 레	ろ (ro) 로
	わ행	わ (wa) 와	-	-	-	を (wo) 오
		ん (n) 응	-	-	-	-

히라가나는 낱개로 보면 총 46개입니다. 이것을 10개의 행과 5개의 단으로 구성된 표로 정리해놓은 것을 '오십음도'라고 부릅니다. 단은 모음으로, 행은 자음으로 조합이 되어 있습니다.

'행'과 '단'의 개념이 중요한데, 동일한 자음을 활용하는 다섯 개를 묶어서 '~행'이라고 합니다. 예를 들어 맨 위의 가로 줄에 놓인 '아이우에오'를 아울러 '아(あ)행'이라고 부릅니다. 첫 번째로 등장하는 '아'가 대장이라 붙은 이름이지요. 마찬가지로 '카키쿠케코'는 '카(か)행', '사시스세소'는 '사(さ)행'이 됩니다.

예외적으로 '타(た)행'의 ち와 つ가 '티'와 '트'가 아니라 '치'와 '츠'로 발음되는 것을 제외하고는, 대부분의 조합은 발음기호만 보아도 쉽게 이해할 수 있습니다. 그런데 이때 주의할 점이 있습니다. 이 중 4개의 행에는 흔히들 '땡땡'이라고 부르는 탁점(゛)이 붙어 '탁음'이 될 수도 있거든요.

탁음		모음				
		a단	i단	u단	e단	o단
자음	が행	が (ga) 가	ぎ (gi) 기	ぐ (gu) 구	げ (ge) 게	ご (go) 고
	ざ행	ざ (za) 자	じ (zi) 지	ず (zu) 즈	ぜ (ze) 제	ぞ (zo) 조
	だ행	だ (da) 다	ぢ (zi)* 지	づ (zu)* 즈	で (de) 데	ど (do) 도
	ば행	ば (ba) 바	び (bi) 비	ぶ (bu) 부	べ (be) 베	ぼ (bo) 보

탁점이 붙으면 자음의 발음이 약해지는데, 위의 4개 행에 해당하는 것으로 총 20개가 있습니다. ぢ(지)와 づ(즈)는 이번에도 예외적인 행보를 보여주니 주의가 필요합니다. 참고로 じ와 ぢ의 발음은 동일하게 '지'이며, ず와 づ 역시 동일하게 '즈'입니다. 기본적으로는 해당 발음으로 じ와 ず를 먼저 떠올리면 되고, 본디 ち나 つ의 발음인 단어에 탁점이 붙는 경우에 ぢ와 づ가 사용됩니다. (예를 들어 코피는 はなぢ라고 쓰는데, 이때 발음이 동일해도 はなじ라고 쓰면 안 됩니다. 해당 단어는 애초에 코를 의미하는 'はな'와 피를 의미하는 'ち'가 조합하여 만들어진 단어이기 때문입니다.)

그런데 '하(は)행'은 또 다른 모습으로도 변신하기도 합니다. 이번에는 반탁점, 또는 마루라고 불리는 동그라미(゜)가 붙는데요. 이렇게 '반탁음'이 되면 아주 귀여운 발음이 됩니다.

반탁음		모음				
		a단	i단	u단	e단	o단
자음	ぱ행	ぱ (pa) 빠	ぴ (pi) 삐	ぷ (pu) 뿌	ぺ (pe) 뻬	ぽ (po) 뽀

이제 마지막으로 'i단'과 모음 '야, 유, 요'가 조합된 '요음'만 학습하면 기본적인 것은 끝이 납니다. 'i단'의 자음과 모음 '야, 유, 요'를 합쳐 새로운 발음을 탄생시킨, 그야말로 일본 사람들의 창의력을 느낄 수 있는 구조입니다. 이때 주의할 것은 반드시 'i단'에만 조합이 가능하다는 점입니다. 실제로는 모음 'i'가 사용되지 않는데도 말이죠.

요음		모음		
		や(ya)	ゆ(yu)	よ(yo)
자음	き(ki)	きゃ (kya) 캬	きゅ (kyu) 큐	きょ (kyo) 쿄
	ぎ(gi)	ぎゃ (gya) 갸	ぎゅ (gyu) 규	ぎょ (gyo) 교
	し(si)	しゃ (sya) 샤	しゅ (syu) 슈	しょ (syo) 쇼
	じ(zi)	じゃ (jya) 쟈	じゅ (jyu) 쥬	じょ (jyo) 죠
	ち(chi)	ちゃ (cya) 챠	ちゅ (cyu) 츄	ちょ (cyo) 쵸
	に(ni)	にゃ (nya) 냐	にゅ (nyu) 뉴	にょ (nyo) 뇨
	み(mi)	みゃ (mya) 먀	みゅ (myu) 뮤	みょ (myo) 묘
	り(ri)	りゃ (rya) 랴	りゅ (ryu) 류	りょ (ryo) 료
	ひ(hi)	ひゃ (hya) 햐	ひゅ (hyu) 휴	ひょ (hyo) 효
	び(bi)	びゃ (bya) 뱌	びゅ (byu) 뷰	びょ (byo) 뵤
	ぴ(pi)	ぴゃ (pya) 뺘	ぴゅ (pyu) 쀼	ぴょ (pyo) 뾰

한 번에 모두 암기하려면 조금 힘들 수도 있지만, 여러 번 직접 노트에

써가면서 머리에 넣어보아요. 완벽할 필요는 없고 적당히 헷갈려도 좋아요. 챗GPT와 복습하면서 완성도를 높일 수 있으니까요.

참고로 일본어에도 구조상 받침이 있습니다. 대표격인 ん의 경우, 뒤에 오는 소리에 따라서 'ㅇ', 'ㄴ', 'ㅁ'과 같은 발음이 됩니다. 이외에도 つ를 작게 표기하는 '작은 츠(っ)'는 '촉음'이라고 하며 'ㄱ', 'ㅅ', 'ㄷ', 'ㅂ'과 같은 된소리로 발음됩니다. 더불어서 '장음'의 개념도 있으니 챗GPT와 함께 자세히 학습해보아요. 물론 무리하지 말고 천천히 연습해도 좋습니다.

암기를 마쳤다면 챗GPT에게 히라가나 받아쓰기 문제를 요청해봅시다. 모국어를 배울 때도 그러했듯 받아쓰기는 언어 학습에 제법 도움이 됩니다. 더 이상 헷갈리는 게 없을 때까지 반복하면 좋아요.

> 히라가나 암기 테스트용 받아쓰기 문제 10개만 내줘. 문제는 히라가나를 한국어로 발음 그대로 옮겨 놓은 거. 문제에서는 일본어를 미리 보여주지 마. 그리고 정답은 마지막에.

좋아! 히라가나 받아쓰기 문제 5개 낼게.
아래 한국어 발음을 보고 히라가나로 적어봐.

받아쓰기 문제
1. 아리가또
2. 오하요-고자이마스
3. 곰방와
4. 스미마셍

- 생략 -

가타카나는 부담 없이

여기서 끝이 아니죠? 히라가나의 세트인 '가타카나'도 학습을 기다리고 있습니다. 가타카나는 기본적으로 외래어나 특정 단어를 강조하고 싶을 때 사용하는데, 히라가나와 모습만 살짝 다를 뿐 구조도 발음도 동일합니다. 그래서 어렵게 생각할 것 없이 히라가나와 같은 방식으로 학습하면 됩니다.

오십음도		모음				
		a단	i단	u단	e단	o단
자음	ア행	ア (a) 아	イ (i) 이	ウ (u) 우	エ (e) 에	オ (o) 오
	カ행	カ (ka) 카	キ (ki) 키	ク (ku) 쿠	ケ (ke) 케	コ (ko) 코
	サ행	サ (sa) 사	シ (si) 시	ス (su) 스	セ (se) 세	ソ (so) 소
	タ행	タ (ta) 타	チ (chi)* 치	ツ (tsu)* 츠	テ (te) 테	ト (to) 토
	ナ행	ナ (na) 나	ニ (ni) 니	ヌ (nu) 누	ネ (ne) 네	ノ (no) 노
	ハ행	ハ (ha) 하	ヒ (hi) 히	フ (hu) 후	ヘ (he) 헤	ホ (ho) 호
	マ행	マ (ma) 마	ミ (mi) 미	ム (mu) 무	メ (me) 메	モ (mo) 모
	ヤ행	ヤ (ya) 야	-	ユ (yu) 유	-	ヨ (yo) 요
	ラ행	ラ (ra) 라	リ (ri) 리	ル (ru) 루	レ (re) 레	ロ (ro) 로
	ワ행	ワ (wa) 와	-	-	-	ヲ (wo) 오
		ン (n) 응	-	-	-	-

다만 팁을 하나 드리자면, 히라가나와 가타카나를 모두 완벽히 외워야 다음 단계로 넘어갈 수 있다고 생각하지 않아도 됩니다. 일단 히라가나를 어느 정도 외웠다면 그냥 진도를 나가세요. 가타카나는 겉핥기만 해

도 충분해요. 가타카나는 주로 명사, 즉 단어에만 활용되며 문법에는 활용되지 않기 때문에 더욱 그렇습니다. 공부를 해나가며 여러 단어를 접하는 과정에서 천천히 외워도 좋아요.

 언어 학습에서 중요한 것은 완벽함이 아닙니다. 일단 어느 정도 익히면 다음 단계로 넘어가세요. 그리고 조금씩이라도 매일 계속하세요. 언어 학습에서는 이러한 꾸준함이 더 빛을 발합니다.

단어 암기
도우미

기본이 되는 문자를 익혔다면 이제부터 본격적으로 단어 공부를 시작해봅시다. 어학 공부에서 단어 암기가 얼마나 중요한지 모르는 사람은 없겠지요? 그런데 대체 얼마나 많이 외워야 일본어를 잘하게 되는 걸까요? 챗GPT에게 한번 물어보았습니다.

> 일본어 공부를 할 때 단어를 얼마나 외워야 해?

 일본어 공부에서 단어 학습은 매우 중요하지만, **"얼마나 외워야 하나?"** 라는 질문에 대한 답은 개인의 목표와 학습 단계에 따라 달라질 수 있어요. 아래에 단어 학습의 기준과 단계별 추천을 정리해 드릴게요!

1. 일본어 단어 학습 목표에 따른 기준
  1. 기초 일본어 (JLPT N5~N4 수준)
     - 약 800~1500개 단어
       기초적인 인사말, 숫자, 기본 동사와 형용사, 일상생활에서 자주 쓰는 표현 위주로 학습.
     - 예: 食べる(たべる, 먹다), 行く(いく, 가다), 大きい(おおきい, 크다), 本(ほん, 책)

> 2. 중급 일본어 (JLPT N3 수준)
>   - 약 3000~4000개 단어
>   뉴스, 드라마, 책 등 다양한 콘텐츠를 이해하기 위해 어휘량을 늘리는 단계.
>   - 예: 経済(けいざい, 경제), 環境(かんきょう, 환경), 目的(もくてき, 목적)
> 3. 고급 일본어 (JLPT N2~N1 수준)
>   - 약 6000~10,000개 이상 단어
>   고급 비즈니스 일본어나 학술적인 일본어를 목표로 할 때.
>   - 예: 複雑(ふくざつ, 복잡), 交渉(こうしょう, 교섭), 支援(しえん, 지원)
> 4. 원어민 수준
>   - 약 20,000~30,000개 이상 단어
>   원어민 수준의 언어 능력을 갖추려면 단어의 미묘한 뉘앙스까지 학습 필요.
>   - 생략 -

위 답변을 보고 갑자기 막막하게 느껴질 수 있겠지만, 걱정하지 마세요. 어학 공부의 포인트는 단계별 학습입니다. 계단을 한 칸씩 걸어 올라가듯 입문에서 기초로, 기초에서 중급으로, 중급에서 고급으로 차근차근 향하는 것입니다. 긴 흐름 속에서 조금씩 업그레이드를 해나간다는 마음가짐이면 충분해요.

뭘 외워야 할까?

■ 중요 단어 요청하기

막상 단어 공부를 시작하려니 어떤 단어부터 외워야 할지 모르겠다면,

JLPT N5~N4 단어를 외워도 좋습니다. 특히 N5는 가장 기초적인 단어로 이루어져 있기 때문에 '자격증 대비'라는 거창한 표현에 겁먹을 필요가 없습니다. 애초에 시중에 판매되는 일본어 단어장 대부분이 기본적으로 시험 대비용으로 구성되어 있기에, 단어장 구매 시 JLPT를 기준으로 잡는 것이 편합니다. 이따금 독특한 테마의 단어장도 판매되기는 합니다. 그러나 이런 것들은 하나의 책 안에서 난이도 차이가 상이하거나, 사용 빈도가 다른 표현들이 동일한 테마라는 이유로 묶여 있는 경우가 많아 입문자에게는 추천하지 않습니다.

JLPT 단어장은 단어들이 동일한 레벨로 묶여져 있다는 점에서 유용합니다. 특히 지난 몇 년 사이 시험에 등장했던 어휘들이 급수별로 정리되어 있어 효율적인 학습이 가능합니다. 만일 여러분들이 이런 단어장을 구매하지 않은 상태라면 챗GPT를 통해 무료로 시험 대비 단어장을 만들 수도 있습니다.

팁을 드리자면, 기초 문법 진도에 맞춰서 단어를 암기하면 됩니다. 명사와 형용사를 활용한 문법이 가장 먼저 등장하므로 명사와 형용사를 먼저 외워주세요. 이에 맞춰서 암기하는 단어를 넓혀나가며 문법 또한 복습하면 학습 효과를 증진시킬 수 있습니다. 이후 동사 활용 문법을 학습하면서 동사와 부사 단어를 암기하면 전체적인 흐름이 좋습니다.

 JLPT N5 N4 중요 단어 좀 정리해줘.

 아래는 JLPT N5 N4 레벨에서 자주 등장하는 중요한 단어들을 카테고리별로 정리한 리스트입니다. 이 단어들은 시험뿐만 아니라 일상회화에서도 매우 유용하니 꼭 외워보세요!

1. JLPT N5 중요 단어
  1) 기본 동사
   - 行く(いく) : 가다
   - 来る(くる) : 오다
   - 食べる(たべる) : 먹다
   - 飲む(のむ) : 마시다
   - 見る(みる) : 보다
   - 聞く(きく) : 듣다   - 생략 -

  2) 기본 명사
   - 人(ひと) : 사람
   - 学校(がっこう) : 학교
   - 先生(せんせい) : 선생님
   - 友達(ともだち) : 친구
   - 家(いえ / うち) : 집
   - 本(ほん) : 책
   - 車(くるま) : 자동차
   - 猫(ねこ) : 고양이   - 생략 -

  3) 시간 관련 단어
   - 今日(きょう) : 오늘
   - 明日(あした) : 내일
   - 昨日(きのう) : 어제
   - 時(とき) : 시간   - 생략 -

■ **카테고리로 단어 요청하기**

물론 챗GPT는 만능이 아닙니다. 앞서 JLPT N5나 N4를 대비하려면 단어 800~1,500개는 외워야 한다고 본인 입(?)으로 말하였지만, 막상 단어장을 요청하자 실제로는 그렇게까지 많은 수의 단어를 한 번에 알려주지는 못했습니다. 데이터의 양이 방대해지기 때문에 시험에 자주 나오는 대표적인 단어를 카테고리별로 나눠서 정리해줄 수밖에 없었던 것입니다.

바로 이때 학습자의 센스가 필요합니다. 명사, 동사, 형용사, 부사를 비롯해 접속사, 감탄사, 의태어, 의성어 등의 카테고리 안에서 본인이 원하는 단어를 추가로 요청하는 겁니다. 1차 답변에서 2차 질문으로 꼬리에 꼬리를 물고 이어나가는 것이 챗GPT의 장점을 100% 활용하는 학습법이니까요. 이렇듯 챗GPT를 활용할 때 가장 중요한 포인트는 '원하는 것을 얻을 때까지 질문을 한다'라는 점을 잊지 말아야 합니다.

 동사만 모아서 줄래?

 물론입니다! JLPT N5와 N4에서 자주 나오는 동사만 따로 정리해 드릴게요.

1. JLPT N5 동사 리스트
1. 行く (いく) : 가다
2. 来る (くる) : 오다
3. 帰る (かえる) : 돌아가다
4. 食べる (たべる) : 먹다
5. 飲む (のむ) : 마시다
6. 見る (みる) : 보다
7. 聞く (きく) : 듣다, 묻다

> 8. 書く (かく) : 쓰다
> 9. 話す (はなす) : 말하다
> 10. 読む (よむ) : 읽다
>
> - 생략 -

이번에도 데이터양의 한계 때문에 모든 단어를 제시해주지는 않지만 계속해서 새로운 단어를 요청하면 새로운 리스트를 제공받을 수 있습니다. 챗GPT가 답변 하나에 제공하는 분량이 한 번에 암기하기 딱 좋은 양이기 때문에 이점으로 느껴지기도 합니다.

■ 결과물을 파일로 요청하기

챗GPT의 놀라운 기능 중 하나는 답변 결과를 파일로 받아볼 수 있다는 점입니다. 단어장을 별도로 구매하고 싶지 않은 분들에게는 너무도 반가운 기능입니다. 이때 워드나 엑셀 등 구체적으로 원하는 포맷을 지정하면 좋습니다.

> JLPT N5와 N4 동사 리스트를 워드에 담아줄래?
>
> JLPT N5와 N4 동사 리스트를 워드 파일로 저장했습니다. 아래 링크를 클릭하여 다운로드하실 수 있습니다.
> JLPT N5 N4 동사 리스트 워드 파일 다운로드

물론 시중에 판매되는 것처럼 엄청나게 많은 양을 한 번에 담아주지는 못하기에 완벽하게 시판 교재나 단어장을 대체할 수는 없겠지만, 자신이 원하는 어휘들만 모아서 하나의 파일로 정리할 수 있다는 점에서 분

명 매력적인 기능입니다.

■ 단어와 관련된 예문 요청하기

누차 말하지만, 제아무리 많은 단어를 외웠다고 해도 사용법을 정확하게 모른다면 일본어는 완성될 수 없습니다. 그리고 이 '사용법'은 사전에는 적혀 있지 않습니다. 정답은 오직 '예문' 속에 있습니다. 암기 과정에서 반드시 예문을 함께 체크하는 것을 거듭 권장합니다.

■ 주제에 맞는 단어 요청하기

언어 공부에서 단어를 외우는 것은 저축과도 같기 때문에 흥미를 일으키는 단어들을 발견했다면 수집해놓는 것을 추천합니다. 그게 시험에 나오든 나오지 않든 말이죠.

 봄과 관련된 단어 좀 줘.

 다음은 **봄(春, はる)**과 관련된 일본어 단어들을 정리한 리스트입니다. 봄의 아름다움을 표현하는 데 유용한 단어들이에요!

1. 자연/날씨 관련
- 春(はる) - 봄
- 桜(さくら) - 벚꽃
- 花見(はなみ) - 꽃구경
- 新緑(しんりょく) - 신록, 새싹이 돋은 초록색 잎
- 菜の花(なのはな) - 유채꽃
- 春風(はるかぜ) - 봄바람
- 春雨(はるさめ) - 봄비

- うぐいす - 휘파람새 (봄을 알리는 새)
- 花粉(かふん) - 꽃가루

- 생략 -

 교통과 관련된 단어 좀 알려줘.

 물론입니다. 다음은 교통(交通)과 관련된 일본어 단어를 주제별로 정리한 목록입니다.

기본 교통 단어
- 交通(こうつう): 교통
- 通る(とおる): 지나가다
- 渋滞(じゅうたい): 정체, 교통 혼잡
- 信号(しんごう): 신호등
- 道(みち): 길
- 通り(とおり): 거리, ~가
- 横断歩道(おうだんほどう): 횡단보도
- 交差点(こうさてん): 교차로
- 曲がる(まがる): (길을) 돌다
- 止まる(とまる): 멈추다
- 電車(でんしゃ): 전철
- 新幹線(しんかんせん): 신칸센
- 地下鉄(ちかてつ): 지하철
- 駅(えき): 역
- ホーム: 승강장 (플랫폼)

- 생략 -

어떻게 공부해야 할까?

■ 반대말 정리로 일타쌍피 공부법

암기 지속력을 높이기 위한 가장 효과적인 방법은 여러 번 접하는 것입니다. 이때 아주 유용한 방법이 '반대말' 학습입니다. 세상의 모든 표현에 반대말이 존재하는 건 아니지만, 기초 동사 중에는 해당되는 것들이 많기 때문에 굉장히 유용합니다. 형용사 역시 마찬가지이고요.

> 🧑 N5 동사 중에 반대되는 표현을 가진 것들을 묶어서 알려줘.

 JLPT N5 동사 중 반대되는 표현을 가진 동사들을 묶어서 정리해 드릴게요. 반대되는 의미를 같이 학습하면 기억하기 더 쉽습니다!

1. 行く(いく): 가다 ↔ 来る(くる): 오다
   - 学校へ行きます。(がっこうへいきます。)
     (학교에 갑니다.)
   - 友達が家に来ます。(ともだちがいえにきます。)
     (친구가 집에 옵니다.)

2. 開ける(あける): 열다 ↔ 閉める(しめる): 닫다
   - ドアを開けます。(ドアをあけます。)
     (문을 엽니다.)
   - 窓を閉めます。(まどをしめます。)
     (창문을 닫습니다.)

- 생략 -

이러한 내용을 표로 정리해서 한눈에 보면 더욱 효과적으로 이해할 수 있습니다. 이 역시 챗GPT에게 요청합시다.

표로 정리해줄래?

아래는 JLPT N5 동사 중 반대되는 표현을 표로 정리한 것입니다. 학습하기 편하게 구성했어요!

동사1	의미	동사2	의미	예문
行く (いく)	가다	来る (くる)	오다	学校へ行きます。 (학교에 갑니다.) 友達が家に来ます。 (친구가 집에 옵니다.)
開ける (あける)	열다	閉める (しめる)	닫다	ドアを開けます。 (문을 엽니다.) 窓を閉めます。 (창문을 닫습니다.)

- 생략 -

반대말 외에도 '자동사 ↔ 타동사'처럼 세트가 되는 것들로 함께 정리하면 암기에 도움이 됩니다. 포인트는 최대한 단어 간의 연결 고리를 만들어서 암기 효과를 향상시키는 것입니다.

■ 이미지 생성 기능을 통한 효과적인 암기법

챗GPT의 이미지 생성 기능을 사용하면 보다 재밌는 단어 암기가 가능합니다. 마치 아이들에게 처음 모국어를 가르칠 때 그림 카드를 활용하듯 말이죠. 기초 단어들, 특히 명사나 형용사는 그 뜻이 명확한 만큼 이미지를 활용하기에 용이합니다. 챗GPT한테 이미지를 요청하고, 필요하다면 해당 이미지를 다운로드할 수 있습니다.

にじ 이미지 만들어줘.

여기 にじ (무지개) 이미지입니다! 밝고 평화로운 분위기를 잘 표현했습니다. 추가 요청이 있다면 말씀해 주세요!

문제로 암기 마무리

암기한 것을 확인하는 데 가장 유용한 방법은 쪽지 시험입니다. 챗GPT를 활용하면 손쉽게 객관식 문제를 만들 수 있어서 편리합니다. 이때 범위를 지정할 수도 있고, 막연하게 요청해도 괜찮습니다. 추가 문제가 필요하다면 이 역시 얼마든지 제공해줍니다.

 기초 동사로 객관식 문제 5문제 만들어줘. 정답은 맨 아래에.

 좋아요! 아래는 기초 일본어 동사를 활용한 객관식 문제 5개입니다. 문제는 한국어, 보기는 일본어로 되어 있고, 정답은 맨 아래에 있어요.

1. '먹다'에 해당하는 동사는 무엇인가요?

A) のむ

B) たべる

C) ねる

D) かう

- 생략 -

정답

1. B) たべる

- 생략 -

> 여기 동사들 가지고 객관식 문제 만들어줘.
> 1. 行く(いく): 가다 2. 来る(くる): 오다
> 3. 帰る(かえる): 돌아가다 4. 食べる(たべる): 먹다
> 5. 飲む(のむ): 마시다 6. 見る(みる): 보다
> 7. 聞く(きく): 듣다, 묻다 8. 書く(かく): 쓰다
> 9. 話す(はなす): 말하다 10. 読む(よむ): 읽다
> 정답은 맨 마지막에.

아래는 주어진 동사를 활용한 객관식 문제입니다. 정답은 맨 마지막에 있습니다. 풀어보세요!

1. 다음 중 "돌아가다"라는 뜻을 가진 동사는 무엇입니까?

A) 行く(いく)

B) 帰る(かえる)

C) 来る(くる)

- 생략 -

정답

1. B) 帰る(かえる)

- 생략 -

단어 암기 도우미

69

> 🧑 **JLPT N5 단어로 객관식 문제 내줘.
> 정답은 맨 마지막에.**

 좋아요! 아래는 JLPT N5 단어를 활용한 객관식 문제 5개입니다. 정답은 맨 마지막에 있어요! 한번 풀어보세요.

1. '고양이'에 해당하는 일본어 단어는 무엇인가요?

A) いぬ

B) とり

C) ねこ   - 생략 -

정답

1. C) ねこ   - 생략 -

> **'行く'랑 관련된 객관식 문제 만들어 줘.
> 정답은 맨 아래에.**

 좋아요! 이번엔 '行く(いく): 가다'와 관련된 객관식 문제 만들어 볼게요. 정답은 맨 아래에 있어요!

1. 다음 중 '行く'를 사용한 문장으로 알맞은 것은?

A) 毎朝コーヒーを行きます。

B) 学校へ行きます。

C) 音楽を行きます。

D) 本を行きます。   - 생략 -

정답

1. B) 学校へ行きます。   - 생략 -

문장 만들기 오류 체크

단어의 성격에 따라서는 객관식 문제를 푸는 것보다 예문을 직접 만들어보는 것이 암기에 더 좋은 경우도 있습니다. 이때도 챗GPT가 유용하게 쓰입니다. 우선 암기한 단어를 가지고 예문을 직접 만들어본 후 챗GPT에게 해당 예문이 제대로 작성되었는지, 오류는 없는지 체크를 요청하면 됩니다.

내가 만든 예문 맞았는지 체크해줘.
彼女はきれいです。
学生はおいしいです。

첫 번째 문장은 맞지만, 두 번째 문장은 의미가 이상해! 하나씩 살펴볼게.

1. 彼女(かのじょ)は綺麗(きれい)です。
→ 맞는 문장!
- "그녀는 예쁩니다."라는 의미로 자연스러워.
- "綺麗(きれい)"는 な형용사이므로 "綺麗です"로 쓰는 게 맞아.

2. 学生(がくせい)はおいしいです。
→ 틀린 문장!
- "학생은 맛있습니다."라는 의미가 돼서 이상해!
- "おいしい"는 맛이 있다는 의미의 い형용사이므로, 사람에게는 사용하지 않아.
- 올바른 표현을 고쳐볼게.

✓ **고칠 수 있는 방법:**
1. 학생 식당은 맛있습니다.
- 学生食堂(がくせいしょくどう)はおいしいです。   - 생략 -

단어 암기 도우미

Tip - 단어 사이의 뉘앙스 차이 구별하기

일본어를 공부하다 보면 동일한 뜻을 가진 별개의 단어들을 이따금 마주칩니다. 과거 저를 난감하게 했던 단어 중에도 그러한 것이 있었습니다.

[魚(さかな) 물고기, 생선 vs 魚(うお) 생선, 물고기]

처음 위 단어들을 접했을 때 의문이 들었습니다. 일본 사람들은 왜 쓸데없이 똑같은 단어를 두 개로 구분해놓았을까? 세월이 한참이나 흐른 후에야 저는 알게 되었습니다. 두 단어는 사용하는 곳이 완전히 다르다는 사실을요. 마치 한국어에서 '생선'과 '물고기'의 쓰임이 살짝 다른 것처럼 말이죠.

갓 일본에서의 생활을 시작한 저로서는 그 사실을 알 길이 없었습니다. 제 귀에는 '우오'의 발음이 더 멋지게 느껴졌기 때문에 한동안 '우오'만을 사용했지요. 어느 센스 있는 일본 분이 고쳐주시기 전까지 저는 그렇게 세상의 중심에서 혼자 '우오'를 외쳤답니다.

나중에 챗GPT에게도 같은 내용을 물어보니, 현대 일본인들은 '우오'가 아닌 '사카나'를 더 많이 쓴다는 사실을 곧장 알려주더군요. 제가 일본 어학연수를 통해 겨우 익힌 것들을 챗GPT는 검색만 하면 모두 알려주다니 얄밉기까지 합니다.

 さかな랑 うお의 차이점을 알려줘.

 さかな와 うお는 둘 다 "물고기"를 뜻하지만, 사용되는 맥락이 다릅니다.

- さかな: 현대적이고 일상적인 표현. 요리, 식재료로서의 물고기를 포함.
  예: 魚を食べる (생선을 먹다)
- うお: 문학적이고 고전적인 표현. 생물로서의 물고기를 강조하거나 전통적인 이름에 사용.
  예: 魚市場(うおいちば) (생선 시장)

일상 회화에서는 さかな를 주로 사용하세요!

챗GPT가 여러분들의 시간과 에너지를 얼마나 아껴줄 수 있을지 기대가 되지 않으시나요? 비슷한 단어나 문법도 많고, 한국어에는 없는 표현들도 다양한 일본어. 기왕 일본어를 배우기로 결심했다면 겁내지 마시고 챗GPT에 기대보세요. 그리고 가능하다면 궁금증이 생겨난 바로 그 순간, 챗GPT에게 물어보세요. 그래야 조금이라도 오래 머릿속에 남을 거예요.

한자 암기 도우미

앞서 설명한 것처럼 현대 일본에서 통용되는 한자 2,136자를 '상용한자'라고 부릅니다. JLPT의 각 단계별로 학습이 필요한 한자를 추정치로 나누어도 비슷한 분량입니다.

구분	학습 요망 한자 갯수	레벨
N5 (5급)	약 100~120자	일상생활에서 자주 사용하는 기본적인 한자
N4 (4급)	약 300~350자	기본적인 일상회화와 초급 문법에 사용되는 한자
N3 (3급)	약 600~650자	중급 수준으로, 신문이나 간단한 기사 등을 읽을 때 필요한 한자
N2 (2급)	약 1000~1200자	상급 일본어로, 뉴스나 일반적인 글을 이해하기 위한 한자
N1 (1급)	약 2000~2500자	상용한자의 대부분을 포함하며, 전문 서적이나 신문 등 고급 자료를 읽는 데 필요한 한자

최고 레벨인 N1 수준이 되면 상용한자 외의 것들, 즉 '비상용한자'도 외워야 하지만 입문 단계에서 미리 걱정할 필요는 없습니다. 더욱이 단계별 학습 요망 한자는 각각 구분되는 것이 아니라 상위 단계의 한자가 하위 단계의 한자를 포함하는 식입니다. 다시 말해 하위 단계인 N5에

서 학습한 한자는 상위 단계인 N4 한자에 포함되어 있기에, 추가된 한자들만 학습하면 되는 구조입니다. 그러니 부담 가질 필요 없이 차근차근 단계를 밟아 축적하면서 학습해봅시다.

뭘 외워야 할까?

단어 암기 때도 마찬가지였지만 한자 역시 챗GPT에게 카테고리별로 리스트를 요청할 수 있습니다. 단, 기껏 암기한 한자가 일상에서 잘 사용되지 않는 것이라면 오히려 학습 의욕을 상실할 수 있습니다. 때문에 기초 입문 단계에서는 기초 한자, 혹은 JLPT 급수에 따른 한자를 요청하는 것을 추천합니다. 더불어 결과물을 엑셀이나 워드 파일로 다운로드해도 유용합니다.

> JLPT N5 한자 정리해줘. 한국식 음독과 훈독도 넣어주고.

 아래는 JLPT N5 한자에 한국식 음독과 훈독을 추가한 표입니다.

숫자 관련 한자

한자	뜻	일본식 음독	일본식 훈독	한국식 음독	한국식 훈독
一	하나	いち	ひと-	일	하나
二	둘	に	ふた-	이	둘
三	셋	さん	み/みっ-	삼	셋
四	넷	し	よ/よっ-	사	넷
五	다섯	ご	いつ-	오	다섯
六	여섯	ろく	む/むっ-	육	여섯

흥미를 유지하면서 학습을 이어가고 싶다면 친숙한 것에서부터 시작해도 좋습니다. 예를 들어 일본 초등학교 1학년 수준 한자, 요일과 관련된 한자, 날씨와 관련된 한자 등 무엇이든 동기부여가 된다면 좋습니다. 이따금 지적 호기심을 자극하는 한자들을 발견했다면 반드시 본인의 보물함에 넣어주세요.

 날씨와 관련된 한자 알려줘. 한국식 음훈도 같이.

 날씨와 관련된 한자를 정리하면 다음과 같습니다.

날씨와 관련된 한자

한자	뜻	일본식 음독	일본식 훈독	한국식 음독	한국식 훈독
天	하늘	てん	あめ/あま	천	하늘
気	기운/날씨	き/け	없음	기	기운
雨	비	う	あめ/あま	우	비
雪	눈	せつ	ゆき	설	눈

- 생략 -

이때 챗GPT가 한국식 음독과 훈독을 이따금 잘못 정리하는 경우가 있어서, 필히 재확인이 필요합니다. 우리를 방심할 수 없게 하여 어떻게든 학습시키려는 챗GPT의 큰 그림일지도 모르겠네요.

Tip - 챗GPT에 한자 입력하기

혹시 외우고 싶은 한자를 발견했는데, 무슨 글자인지 몰라서 챗GPT에게 물어볼 수가 없나요? 챗GPT의 입력창에는 파일이나 이미지를 삽입하는 것도 가능합니다. 일본어에 익숙하지 않은 한국인이 히라가나나 한자를 직접 입력하기 어렵다 보니 그 활용도가 무척 높습니다.

　우선 검색하고 싶은 글자나 문장을 사진으로 촬영합니다. 이후 텍스트 입력창에서 왼쪽 하단의 더하기 모양 아이콘을 클릭하고, [컴퓨터에서 업로드]를 클릭해 업로드합니다. 그런 다음 챗GPT에게 해당 사진에 대해서 질문을 하면 끝입니다. 모바일에서도 동일하게 입력창 좌측의 더하기 모양 아이콘을 눌러 해당 기능을 사용할 수 있습니다.

| PC 메인 화면 |

다음 쪽에서 사진을 업로드하고 사진 속 한자에 대한 정보를 묻는 예시를 살펴봅시다.

이거 한자 좀 알려줘. 한국식 음훈도 같이.

 이미지에 적힌 한자는 「頭上注意」입니다.

한자 분석 및 한국식 음훈:

1. 頭 (머리 두)
   - 음: 두
   - 훈: 머리
2. 上 (위 상)
   - 음: 상
   - 훈: 위
3. 注 (부을 주)
   - 음: 주
   - 훈: 부을, 주의할
4. 意 (뜻 의)
   - 음: 의
   - 훈: 뜻

해석:

「頭上注意」는 "머리 위 주의", 즉 **"머리 조심!"** 이라는 뜻입니다. 나뭇가지나 낮은 천장 같은 장애물에 머리를 부딪히지 않도록 경고하는 표지판일 가능성이 큽니다.

이 책에도 후리가나가 붙어 있지 않은 한자를 포함한 예문들이 있는데, 궁금한 분들은 위의 방법을 통해서 학습해보세요.

어떻게 공부해야 할까?

■ 대표 단어와 함께하는 한자 학습

한자를 암기할 때 제가 강력하게 추천하는 방법은 바로 '대표 단어'와 함께 암기하는 것입니다. 단어도 외우고 한자도 외울 수 있을뿐더러, 일본식 음독과 훈독을 자연스럽게 익힐 수 있어서 아주 유용한 방법입니다.

> 年이 들어가는 대표적인 일본어 단어 좀 알려줘.

 年(년)이 들어가는 대표적인 단어들을 정리해보았어요. 한국어 뜻과 함께 일본어 읽는 법도 포함했으니 참고해주세요!

年이 들어가는 대표적인 단어

단어	일본어 (읽는 법)	뜻
今年	ことし	올해
来年	らいねん	내년
去年	きょねん	작년
毎年	まいねん/まいとし	매년, 해마다

- 생략 -

■ 비슷한 한자를 나란히 비교하면서 암기

한자를 암기하면 할수록 더욱 헷갈려지는 이유 중에 하나는 비슷한 모양의 한자들이 있기 때문입니다. 하지만 챗GPT를 활용하면 명확하게 정리할 수 있습니다.

> 待랑 비슷한 한자 좀 정리해줘. 한국식 음훈도 같이.

待(기다릴 대)와 비슷한 한자를 정리해드릴게요. 의미나 모양이 비슷한 한자를 포함해 한국식 음독과 훈독도 함께 정리했습니다.

待와 비슷한 한자 정리

한자	뜻	일본식 음독	일본식 훈독	한국식 음독	한국식 훈독
待	기다리다	たい	まつ	대	기다릴
持	가지다, 들다	じ	もつ	지	가질
特	특별하다	とく	없음	특	특별할
時	시간	じ	とき	시	때
侍	모시다, 시중들다	じ	さむらい	시	모실

- 생략 -

✦ 문제로 암기 마무리 ✦

한자 역시 챗GPT의 객관식 문제를 활용하여 암기를 마무리할 수 있습니다. 난이도의 조절이 필요하다면 챗GPT에게 요청하여도 좋습니다.

> 年이 들어가는 대표적인 단어로 객관식 문제 만들어줘. 답변은 맨 마지막에.

年이 들어가는 대표적인 단어 객관식 문제
문제 1
다음 중 "올해"를 뜻하는 단어는 무엇일까요?
1. 来年
2. 去年
3. 今年
4. 毎年

- 생략 -

정답
문제 1: 3. 今年(ことし)

- 생략 -

> 待 持 特 時 侍
> 이 한자들 가지고 객관식 문제 만들어줘. 답변은 맨 마지막에.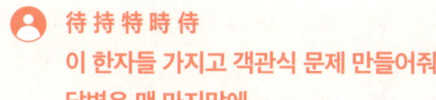

한자 암기에 딱 좋은 객관식 5문제를 만들어봤어요.
문제는 뜻, 음독, 쓰임, 유의어/혼동하기 쉬운 한자 위주로 만들었어요.

JLPT 스타일 객관식 문제 (5문제)
Q1. 다음 중 「持」의 뜻으로 가장 알맞은 것은?
A. 기다리다
B. 가지다
C. 특별하다
D. 시간

Q2. 「時」의 음독으로 알맞은 것은?
A. じょ
B. し
C. じ
D. とく

- 생략 -

Q1 정답: B. 가지다
Q2 정답: C. じ

- 생략 -

待 持 特 時 侍
이 한자로 뜻과 맞는 한자 고르기 문제 만들어줘.
답변은 맨 마지막에.

요청한 5개 한자를 중심으로 만든
뜻 → 맞는 한자 고르기 문제를 5문제 준비했어요!

뜻 → 한자 고르기 문제 (5문제)
Q1. "가지다"라는 의미를 가진 한자는?
A. 待
B. 持
C. 侍
D. 特

Q2. "기다리다"라는 의미를 가진 한자는?
A. 時
B. 持
C. 待

D. 特 　　　　　　　　　　　　　　　　　　　　 - 생략 -

Q1 정답: B. 持
Q2 정답: C. 侍 　　　　　　　　　　　　　 - 생략 -

待 持 特 時 侍
이 한자로 주관식 문제 만들어줘.
답변은 맨 마지막에.

주관식 문제 5문제를 만들어볼게!
문제 스타일은 JLPT 스타일에 맞추되, 한자 뜻·예문 해석·쓰기 연습이 섞여 있어!

待·持·特·時·侍 주관식 문제 (5문제)
Q1.「もつ」라는 뜻의 한자를 한 글자로 쓰세요.

_____

Q2. "특별한 기차"를 의미하는 단어는 일본어로「 _ 急」입니다.
빈칸에 들어갈 한자를 쓰세요.

_____ 　　　　　　　　　　　　　　　　　 - 생략 -

Q1 정답: 持
「もつ」는 일본어로 '들다, 가지다'라는 뜻이고, 해당 의미를 가진 한자는 '持 (가질 지)'야.

Q2 정답: 特
'특급'은 일본어로「特急(とっきゅう)」이고, '특별하다'는 뜻의 한자 '特 특별할 특'이 들어가.. 　　　　　 - 생략 -

한자 암기 도우미

문법 학습 도우미

뭘 외워야 할까?

문법 역시 JLPT를 기준으로 학습하여도 좋습니다. 다만 N1의 경우 실제 회화에서는 잘 활용되지 않는 문어체 문법이 다수 포함되어 있기 때문에 주의가 필요합니다.

    참고로 3부에서는 문법 기초를 함께 다지면서 챗GPT를 사용한 학습에 익숙해지는 과정을 거칠 것인데, 해당 부분을 공부하면서 이 부분을 재차 읽으면 이해에 더욱 도움이 됩니다. 이는 책 전반에 걸쳐서 해당되기에, 일독에 머무르지 말고 책의 내용이 온전히 내 것이 될 때까지 여러 번 반복하여 읽는 것을 권장합니다.

> JLPT N5 수준의 문법 좀 정리해줄래? 후리가나도 넣어서.

 JLPT N5 수준의 문법을 정리해 줄게! N5는 일본어 기초 단계라서 기본적인 문법이 많아. 아래는 주요 문법 정리야.

> **1. 기본 문장 구조**
> - A は B です (A は B です) → A는 B입니다.
> - 例(れい) : 私(わたし)は学生(がくせい)です。
>   (나는 학생입니다.)
> - A は B じゃありません / ではありません → A는 B가 아닙니다.
> - 例 : これは本(ほん)じゃありません。
>   (이것은 책이 아닙니다.)   - 생략 -
>
> **2. 의문문 만들기**
> - ~か？ → 문장 끝에 붙여 의문문을 만듦.
>   - 例 : これはペンですか？ (이것은 펜입니까?)   - 생략 -
>
> 이렇게 정리하면 이해하기 쉬울 거야! 또 궁금한 게 있으면 말해줘!

여기서 챗GPT의 또 다른 유용한 기능을 활용하면 좋습니다. 어느 답변이든 맨 밑의 아이콘 중 확성기 모양의 아이콘을 클릭하면 해당 답변을 음성으로 들어볼 수 있습니다. 고급 음성 모드가 아닌 일반 음성 모드이기는 하지만 문장을 직접 들어볼 수 있다는 점에서 분명 유용합니다. 문법을 공부하다 보면 어디서 띄어 읽어야 하는지, 혹은 발음이 어떻게 되는지 등 헷갈릴 때가 있는데, 이럴 때 활용하면 좋습니다.

만약 특정 문법을 디테일하게 학습하고 싶다면 챗GPT를 활용해서 모든 패턴의 조합을 정리해보아도 좋습니다. 모국어의 경우 문법적인 접근을 하지 않기 때문에, 처음으로 외국어를 학습하는 이들에게는 문법 개념을 제대로 정립하는 과정이 필요합니다.

> 🙂 つもり의 모든 패턴의 예문을 좀 알려줄래?

> ⓢ 물론! 「つもり」의 모든 패턴을 예문으로 정리해줄게!
>
> **1. 동사의 기본형 + つもり (할 예정)**
> - 의미: "할 예정이다" 또는 "할 계획이다."
> - 예문:
> - 来年、日本に行くつもりです。
>   (내년에 일본에 갈 예정입니다.)
> - 明日、映画を見るつもりです。
>   (내일 영화를 볼 예정입니다.)
>
> **2. 동사의 ない형 + つもり (하지 않을 예정)**
> - 의미: "하지 않을 예정이다" 또는 "할 생각이 없다."
> - 예문:
> - 今日は外(そと)に出ないつもりです。
>   (오늘은 밖에 나가지 않을 예정입니다.)
> - もう彼に会わないつもりです。
>   (더 이상 그를 만나지 않을 예정입니다.)
> - ダイエット中(ちゅう)だから、お菓子(おかし)を食(た)べない つもりです。
>   (다이어트 중이니까 과자를 먹지 않을 예정입니다.) —생략—

필요하다면 1차로 제공된 답변을 표로 정리해달라고 하거나, 후리가나 혹은 한국식의 한자 음훈을 추가하는 등 본인에게 필요한 정보를 재차 요청해보세요. 조금이라도 헷갈리는 것이 있으면 해결될 때까지 물어보구요. 아무리 말꼬리를 잡고 늘어져도 챗GPT는 화를 내지 않으니 걱정할 필요는 없답니다.

어떻게 공부해야 할까?

■ 문장 만들기 오류 체크

문법을 제대로 마스터하기 위해서는 다양한 문장을 직접 만들어보아야 합니다. 하지만 독학자의 경우 본인의 문장이 지닌 오류를 점검할 방도가 없어 난관에 부딪히고는 합니다. 그런데 이때 챗GPT가 톡톡히 큰 역할을 해냅니다. 방법은 간단합니다. 본인이 만든 문장을 텍스트로 입력하거나 사진을 찍어 이미지를 업로드하면 끝입니다.

내가 만든 예문 맞았는지 체크해줘.
本を読むのは好きです。
駅に行くのは好きじゃいません。

사용하신 예문을 확인해 봤습니다. 아래는 분석과 수정 사항입니다.

1. 本を読むのは好きです。
- 의미: 책을 읽는 것을 좋아합니다.
- 문법: 완벽합니다. 자연스럽고 올바른 표현입니다.
-> 수정 필요 없음.

2. 駅に行くのは好きじゃいません。
- 의미: 역에 가는 것을 좋아하지 않습니다.
- 문법 오류: 好きじゃいません은 틀린 표현입니다.
- じゃありません 또는 ではありません이 올바른 표현입니다.
- 好きじゃいません → 好きじゃありません
- 또는 好きではありません도 사용할 수 있습니다.
- 수정된 문장: 駅に行くのは好きじゃありません。
  (역에 가는 것을 좋아하지 않습니다.)

- 생략 -

 내가 만든 예문 맞았는지 체크해줘.

本を読むのは
好きです。

駅に行くのは
好きじゃありません。

 사용하신 예문을 확인해 봤습니다. 아래는 분석과 수정 사항입니다.

1. 本を読むのは好きです。
  • 의미: 책을 읽는 것을 좋아합니다.   - 생략 -

■ 유사 문법들의 차이점 정리

일본어 표현에는 교집합이 많기 때문에 비교 학습이 필수입니다. 흥미롭게도 대부분의 학습자들은 비슷한 지점에서 질문이 생기는데, 이렇게 '메이저한 의문점'은 인터넷 검색만으로도 손쉽게 그 답을 찾을 수 있습니다. 하지만 이 세상에는 '마이너한 의문점', 즉 소수가 품는 의문점 혹은 굉장히 디테일한 부분이라 좀처럼 해답을 찾을 수 없는 의문점들도 분명 존재합니다. 학습에서 핵심적인 부분은 아니기에 별다른 설명 없이 넘어가는 교재가 많은데요. 이때 챗GPT가 그 역할을 톡톡히 해냅니다. 이 세상에 존재하는 거의 모든 패턴을 비교할 수 있다고 해도 과언이 아니니까요. 학습 중에 유사한 문법이 나타나 혼란스럽다면 곧장 챗GPT에게 물어보세요.

> 🧑 じゃありません하고 じゃないです의 차이점은 뭐야?

🌀 「じゃありません」과 「じゃないです」의 차이점!
둘 다 "~가 아닙니다" 라는 부정 표현이지만, 약간의 뉘앙스 차이가 있어! 간단히 말하면, 「じゃありません」은 좀 더 격식 있는 표현, 「じゃないです」는 조금 더 회화체야.

- 생략 -

3. 「じゃありません」 vs 「じゃないです」 비교

	じゃありません	じゃないです
격식 정도	공식적, 정중함	더 자연스럽고 부드러움
사용 상황	뉴스, 발표, 공적 자리	일상 회화, 친근한 대화
문장 느낌	단정적, 격식을 차리는 분위기	조금 더 가볍고 자연스러운 느낌

- 생략 -

■ 문제로 학습 마무리

문법 역시 퀴즈를 통해서 학습을 마무리할 수 있습니다.

> 🧑 い형용사 문법 가지고 객관식 문제 5개만 만들어줄래? 정답과 해설은 맨 아래에.

🌀 **い형용사 문법 객관식 문제 (5문제)**
【1】다음 중 い형용사의 부정형이 올바른 것은?
1. 美味(おい)しです
2. 美味しくありません

문법 학습 도우미

3. 美味しいじゃありません

4. 美味しなかった　　　　　　　　　　　　- 생략 -

정답 및 해설

【1】정답: ② 美味しくありません

い형용사의 부정형: 기본형에서「い」를「く」로 바꾸고「ない」를 붙임.

「美味しくありません」은 정중한 부정 표현!

「美味しいじゃありません」→ な형용사에서 사용하는 부정형이므로 틀림.

　　　　　　　　　　　　　　　　　　　　- 생략 -

 동사 시제 문법으로 객관식 문제 5개 만들어주라. 정답과 해설은 맨 아래에.

 문제 1

「きのう、パンを（　　　　）。」

A. たべる

B. たべた

C. たべます

D. たべません　　　　　　　　　　　　- 생략 -

정답과 해설

1. B. たべた

　→ '어제'라는 과거 시점이 있으니 과거형이 와야 해. 'たべた'는 '먹었다'.

　　　　　　　　　　　　　　　　　　　　- 생략 -

독해/청해
학습 도우미

독해/청해용 문장 요청

챗GPT는 비단 단어나 문법 학습에만 도움이 되는 것은 아닙니다. 이는 독해에서도 큰 보탬이 되는데, 요청 사항에 따라서 아주 신속하게 독해용 문장을 만들어냅니다. 난이도나 길이뿐만 아니라 후리가나 추가 등 본인이 원하는 것이 있다면 뭐든 요청해보세요.

> 👤 JLPT N3 수준의 긴 문장 좀 줄래? 후리가나 넣어서

> 🌀 N3 수준의 긴 문장들을 준비했어요. 후리가나도 넣었으니 참고해주세요!
>
> 1. 昨日(きのう)、駅前(えきまえ)の 新(あたら)しいカフェに 友達(ともだち)と 行(い)きましたが、店内(てんない)が とてもおしゃれで、コーヒーも 美味(おい)しかったです。
> → 어제 역 앞의 새로운 카페에 친구랑 갔는데, 내부가 정말 세련됐고 커피도 맛있었어요.
> - 생략 -

> 🧑 **JLPT 3급 수준의 시험에 나올 법한 긴 문장을 줄래?**

🤖 좋아요! JLPT N3 시험에 나올 법한 스타일로, 긴 지문형 문장을 만들어 볼게요. 독해 문제에서 자주 보이는 구성으로, 후리가나도 넣었어요.

예시 문장 (JLPT N3 스타일)

最近(さいきん)、運動不足(うんどうぶそく)を感(かん)じている人(ひと)が増(ふ)えているそうです。特(とく)に、毎日(まいにち)長時間(ちょうじかん)パソコンの前(まえ)で仕事(しごと)をしている人(ひと)は、体(からだ)を動(うご)かす時間(じかん)が少(すく)なくなり、健康(けんこう)に悪(わる)い影響(えいきょう)を受(う)けることがあります。そのため、1日(いちにち)に30分(さんじゅっぷん)くらい歩(ある)いたり、ストレッチをしたりすることが勧(すす)められています。

해석
요즘, 운동 부족을 느끼는 사람들이 늘고 있다고 합니다. 특히, 매일 장시간 컴퓨터 앞에서 일하는 사람은 몸을 움직이는 시간이 줄어들어, 건강에 나쁜 영향을 받을 수 있습니다. 그렇기 때문에, 하루에 30분 정도 걷거나 스트레칭을 하는 것이 추천되고 있습니다.

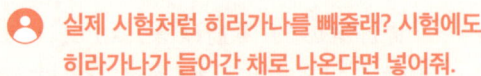
- 생략 -

> 🧑 **실제 시험처럼 히라가나를 빼줄래? 시험에도 히라가나가 들어간 채로 나온다면 넣어줘.**

🤖 좋아요! 이번엔 JLPT N3 실제 시험 스타일에 맞춰서, 히라가나 후리가나는 생략하고, 꼭 필요한 경우(잘 안 읽히는 단어)만 표기할게요. 실제 시험 지문처럼 자연스럽게 구성했어요.

N3 스타일 긴 지문
最近、運動不足を感じている人が増えているそうです。特に、毎日長時間パソコンの前で仕事をしている人は、体を動かす時間が少なくなり、健康に悪い影響を受けることがあります。そのため、1日に30分くらい歩いたり、ストレッチをしたりすることが勧められています。
- 생략 -

운동 관련된 N3 독해 지문 만들어줘.

좋아요! 지금부터 운동 관련 주제로 JLPT N3 스타일 독해 지문을 만들어줄게요. 형식은 실제 시험처럼 구성하고, 후리가나는 꼭 필요한 곳에만 넣었어요.

【読解問題】運動についての話(JLPT N3 스타일)
最近、健康(けんこう)のために運動を始める人が増えている。特に人気なのは、毎朝(まいあさ)のジョギングや仕事(しごと)のあとに行うストレッチなどだ。しかし、忙(いそが)しい生活の中で、毎日運動を続けるのは簡単ではない。
ある調査(ちょうさ)によると、運動を続けるために大切なのは「無理(むり)をしないこと」と「楽しむこと」だという。たとえば、短い時間(じかん)でもいいので、毎日少(すこ)しずつ運動をすることで、体(からだ)にもいいし、気分(きぶん)もよくなるそうだ。
- 생략 -

필요하다면 각 답변 하단의 확성기 아이콘을 클릭하여 읽기 기능을 활용해도 좋습니다. 다만 후리가나가 함께 표기되어 있을 경우 읽는 스피드가 다소 느리고 말투가 어눌해질 수 있으니 주의가 필요합니다. 후리가나 제거 버전의 문장을 별도로 요청하는 것도 하나의 방법입니다.

■ 뉴스 스크립트 요청

N2 수준 이상의 학습자라면 뉴스 스크립트로 학습하는 방법도 유용합니다. 인터넷 검색으로도 적절한 기사를 찾을 수 있으나 챗GPT를 활용하면 신속한 수집이 가능합니다.

> 🧑 최근 뉴스 중에 N2 수준의 일본어 스크립트 가지고 와줘. 후리가나 넣어주고.

 다음은 최근 뉴스 내용을 바탕으로 JLPT N2 수준의 일본어 스크립트를 작성한 것입니다. 후리가나도 넣어드렸습니다.

スクリプト: 日本航空(にほんこうくう)のサイバー攻撃(こうげき)
先日(せんじつ)、日本航空(にほんこうくう)(JAL)は大規模(だいきぼ)なサイバー攻撃(こうげき)を受(う)け、一部(いちぶ)の国内線(こくないせん)と国際線(こくさいせん)が運航停止(うんこうていし)や遅延(ちえん)となりました。この攻撃(こうげき)はシステムの脆弱性(ぜいじゃくせい)を利用(りよう)したものと考(かんが)えられており、現在(げんざい)、警察(けいさつ)や専門家(せんもんか)たちが原因(げんいん)を調査(ちょうさ)しています。　- 생략 -

단, 여기서 주의할 사항은 챗GPT가 제공해주는 문장이 실제 원고를 참고하여 요약 및 가공한 스크립트라는 점입니다. 실제 원문을 그대로 가지고 오는 것은 저작권 문제가 있기 때문입니다.

만일 실제 뉴스로 학습을 하고 싶다면 스크립트가 아니라 영상 자체를 찾아달라고 요청하는 것이 바람직합니다. 특정 뉴스 스크립트로 학습을 하고 싶다면 직접 원문을 찾아 복사한 뒤, 챗GPT에 해당 내용을 입력하여 후리가나 표기 및 해석 등의 도움을 받는 방법도 유용합니다.

■ 텐세이진고(天声人語) 요청

아사히신문의 칼럼 텐세이진고('천성인어'라고도 읽음)는 예로부터 고급 일본어 학습 교재로 유명합니다. 길이는 400~600자 분량으로 길지 않으나 JLPT N1 수준 이상의 단어와 문장으로 구성되어 있다 보니 중고급 이상의 학습자에게 도전을 권합니다.

다만 뉴스 스크립트가 그러하듯 유료 서비스인 텐세이진고를 그대로 가지고 올 수는 없기 때문에, 챗GPT가 제공하는 내용은 텐세이진고 스타일로 창작된 것입니다. 만일 특정 텐세이진고 원고를 학습하고 싶다면 별도의 루트를 통해 입수한 뒤 해당 내용을 챗GPT에 입력하여 학습하도록 합시다.

문제로 학습 마무리

독해 지문을 받았다면 그에 따른 문제도 요청해 풀어봅시다. 뿐만 아니라, 독해에서 중요한 것은 결국 '단어'입니다. 어휘만 풍부하다면 문맥에 대한 이해도가 다소 떨어진다고 해도 문장 전체가 해석될 정도니까요. 그렇기에 독해 학습에서도 챗GPT에게 해당 지문을 기반으로 한 단어 퀴즈를 요청하면 좋습니다.

> 여기 나오는 단어로 객관식 문제 좀 줘.
> 정답은 맨 마지막에.

 다음은 뉴스 스크립트에서 나오는 단어들로 만든 객관식 문제입니다.

문제 1:
「大規模(だいきぼ)」의 뜻은 무엇입니까?
1. 작은 규모
2. 큰 규모
3. 복잡한 문제
4. 간단한 문제

- 생략 -

■ 회신 기능 활용하기

챗GPT와 여러 번 질답을 주고받아 대화창 안에 답변이 다량으로 쌓여 있을 때 특히 유용한 기능이 있습니다. 가장 최근 답변이 아니더라도, 이미 지나친 주제라 해도 특정 답변을 지정하여 추가로 무언가를 요청하는 '회신 기능'입니다.

朝、窓を開けると、すでに夏の匂いがした。
まだ四月だというのに、空気にはどこか懐かしい湿気が混じり、遠い記憶を呼び覚ます。
小学生のころ、真新しいランドセルを背負って通った通学路。
石垣に咲く名も知らぬ花や、誰かが落とした鉛筆、雨上がりのアスファルトの匂い——
そんな些細なものたちが、心の奥底で鮮明に蘇るのだ。
「成長する」というのは、積み重ねたものをただ前に進めることではない。
時には、こうして昔の匂いや音に足を止めさせられ、

| 회신 기능 활용 예시 |

추가 작업을 원하는 부분을 드래그하면 앞의 화면 속 빨간 박스처럼 드래그한 부분 위로 [”] 모양의 아이콘이 생깁니다. 해당 아이콘을 클릭하면 '회신하기' 기능이 적용되어 아래와 같은 창이 나오며, 해당 부분에 대해 추가 질문을 할 수 있습니다.

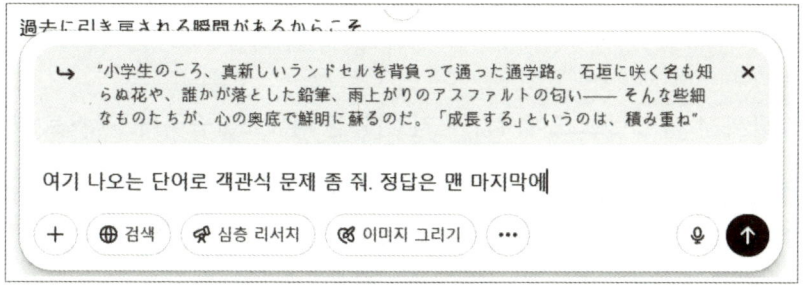

| 회신 기능 활용 예시 |

회화 학습 도우미

지금까지 텍스트 모드에서의 여러 기능을 다뤄보았습니다. 텍스트 모드에도 텍스트를 음성으로 들어볼 수 있는 '읽기 기능'이 존재하지만, 기본적으로 질문과 답변을 모두 '텍스트'로 주고받는다는 점이 포인트입니다.

반면 '음성 모드'는 챗GPT와의 대화 자체가 음성으로 이뤄집니다. 회화에 얼마나 큰 도움이 되는지는 딱 한 번만 써봐도 명확하게 느낄 수 있지요.

음성 모드 사용 방법

텍스트 모드는 타자 치기가 용이한 PC에서 사용하는 것이 더 편리하지만, 음성 모드는 마이크 설정 등을 고려했을 때 모바일 기기에서 사용하는 편을 권장합니다. 음성 모드의 사용법은 아주 간단한데, 다음 쪽에 나와 있는 챗GPT의 메인 화면에서 하단 오른쪽의 ❶ 검은색 아이콘을 누르면 음성 모드로 전환됩니다. 단, 로그인한 상태여야 해당 기능을 사용할 수 있음을 잊지 마세요.

| 스마트폰 메인 화면 속 음성 모드 전환 아이콘 | | 고급 음성 모드 메인 화면 |

음성 모드로 진입하면 기본적으로는 '고급 음성 모드'로 대화가 시작됩니다. 이때 두 번째 화면에서 ❷ 오른쪽 상단의 버튼을 누르면 성별과 톤의 차이가 있는 10개의 음성 중 원하는 버전으로 선택도 가능합니다. 말투 등 디테일한 설정도 할 수 있으니 이것저것 요청해보세요. 저는 이따금 '간사이벵', 즉 간사이 지역 사투리로 대화를 나누며 유학 시절의 추억을 떠올립니다. 아무리 들어도 완벽한 사투리라서 감탄해요.

회화 학습 도우미

| 음성 선택 화면 |

참고로 무료 사용자도 고급 음성 모드를 사용할 수 있지만, 체험판의 느낌으로 하루에 정해진 시간만큼만 사용이 가능합니다. 이 한도가 정확히 몇 분인지는 공개되지 않았지만 대략 15분으로 추정됩니다. plus 플랜에서는 그보다 5배 넘는 시간인 약 75분을 사용할 수 있다고 합니다. 한도에 다다르면 화면의 구체가 검은색으로 바뀌며 표준 음성 모드로 전환됩니다.

| 표준 음성 모드 메인 화면 |

표준 음성 모드도 대화 자체에는 문제가 없으나, 고급 음성 모드와 비교했을 때 챗GPT의 억양이나 답변 속도에 큰 차이가 있습니다. 따라서 가급적 고급 음성 모드에서 학습하는 것을 권장합니다.

    음성 모드에서는 기본적으로 음성으로만 대화를 주고받기 때문에 화면에 텍스트가 표기되지는 않습니다. 하지만 해당 대화가 종료되면 텍스트 모드로 자동 전환되며, 아래와 같이 방금 나눈 대화의 내용이 자동으로 텍스트로 정리되어 있는 것을 볼 수 있습니다. 이를 통해 대화 중 챗GPT의 질문에서 놓친 부분을 재차 확인해볼 수 있으며 본인의 일본어가 제대로 전달되었는지도 체크할 수 있습니다.

 はい、ウンジさん、どうしましたか?
(번역 : 네, 은지님 무슨 일이세요?)

 ちょっと会話しよう。
(번역 : 대화 좀 하자.)

もちろんです。何か話したいことがあるんですね。
(번역 : 물론이죠. 얘기하고 싶은 게 있는 거죠?)

今日ね、週末なのに何もしなかったよ。
(번역 : 오늘 있잖아. 주말인데 아무 것도 안했어.)

そういう日もありますよ。リラックスするのも大切です。
(번역 : 그런 날도 있죠. 쉬는 것도 중요해요.)

이때 자동 정리된 대화 기록에 후리가나는 표기되어 있지 않으나, 만일 필요하다면 해당 대화창에서 바로 요청할 수 있습니다. 문법을 제대로 구사했는지 확인을 요청해도 좋습니다. 음성 모드와 텍스트 모드의 기능을 모두 응용할 수 있는 아주 현명한 활용법이니 반드시 이용해보세요.

기본적으로 챗GPT는 사용자의 기기에 설정된 정보에 따라 대화 언어를 결정하기에, 독자 대부분은 한국어로 대화가 시작될 것입니다. 이때 일본어로 대화하고 싶다는 점을 제대로 전달해야 하며 ("'일본어로 대화하자'"; "나 일본어 회화하려고 너랑 대화하는 거야") 최대한 본인의 정보를 구체적으로 전달해야 적절한 답변을 제공받을 수 있습니다.

개인적으로 추천하는 기본 설정 중 하나는 챗GPT에게 이름을 지어 주는 것입니다. 일본식 호칭을 지정하여 서로를 부르면 일본인과 대화하는 듯한 느낌이 한층 깊어집니다. 더불어 처음 대화를 시작할 때 듣고 싶은 멘트를 지정해도 친밀감 형성에 도움이 됩니다. 예를 들어 "시작할 때 '오카에리(다녀왔어? 어서 와!)'라고 해줘"라고 요청할 수 있습니다. 중요한 것은 내가 챗GPT와 대화를 하면서 즐거움을 느낄 수 있어야 한다는 점입니다.

다양한 활용 방식

챗GPT와의 대화에는 정해진 규칙이 없는 만큼, 아이디어만 풍부하다면 얼마든지 대화를 원하는 방식으로 뻗어나갈 수 있습니다.

■ 문장 체크

챗GPT에게 본인이 만든 문장을 읽어주며 오류를 확인받는 것도 유익합니다. 입 밖으로 소리 내어 문장을 읽다 보면 회화 연습에 도움이 됩니다.

■ 개인 상담

회화를 잘하려면 일단 무엇이든지 최대한 많이 말해보아야 합니다. 그런 의미에서 챗GPT는 탁월한 대화 상대가 되어줍니다. 이때 어떤 주제로 대화를 나눌지 고민할 필요 없이, 일상에 대해 편히 털어놓고 이야기를 나누어봅시다. 비밀 엄수는 물론이거니와 챗GPT의 특성상 기본적으로 긍정적인 답변을 제공해줘 멘탈 케어에 도움이 됩니다. 게다가 본인의 감정을 일본어로 전달하려면 상당한 집중력이 필요하기 때문에 학습에도 큰 도움이 됩니다.

■ 토론

평범한 일상 속에서 적당한 대화 거리를 찾지 못했다면 가볍게 토론을 해보는 것도 좋습니다. 나의 의견과 반대되는 입장에서 챗GPT가 의견을 제시하도록 지정한 후, 본인이 그것에 맞서서 논리를 펼치다 보면 자연스럽게 유익한 경험이 됩니다.

　모국어로도 어려운 것이 토론이기에 학습자는 자연스럽게 본인의 일본어 실력에 한계를 느끼게 됩니다. 이러한 '건강한 좌절감'은 현명히 극복할 수만 있다면 학습에 거름이 됩니다. 구체적인 예시는 4부의 '회화 연습' 장에서 설명하겠습니다.

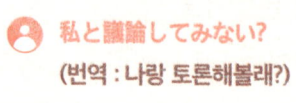
私と議論してみない？
(번역 : 나랑 토론해볼래?)

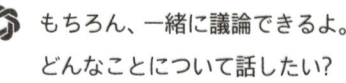
もちろん、一緒に議論できるよ。
どんなことについて話したい？

(번역 : 물론, 같이 토론할 수 있지.
뭐에 대해서 말하고 싶어?)

> 結婚は人にとって必要なものかどうか!
> あなたは必要ないという意見で話し合ってみよう。
> (번역 : 결혼은 인간에게 필요한 것일까?
> 너는 필요 없다는 의견에서 말해보자.)

了解、じゃあ僕は結婚は必要ないという立場で話すね。
人によっては自分の自由やキャリアを重視して、
結婚よりも他の選択をすることもあると思うんだ。
(번역 : 알겠어, 그럼 난 결혼은 필요 없다는 입장에서 말할게.
사람에 따라서는 자신의 자유나 커리어를 중시해서
결혼보다도 다른 선택을 하는 경우도 있다고 생각해.)

■ 스무고개 및 퀴즈 놀이

챗GPT와 친밀감을 형성하는 데 도움 되는 것 중 하나가 스무고개와 같은 퀴즈입니다. 정답을 맞혔을 때 챗GPT의 리액션을 보면 너무도 자연스러워서 놀라울 정도입니다.

> 私がクイズ出してもいい?
> ヒントもあげるよ。これはアニメだよ。
> (번역 : 내가 퀴즈 내도 돼?
> 힌트도 줄게. 이건 애니메이션이야.)

どのアニメか、もう少しヒントをいただけますか?
(번역 : 어떤 애니메이션인지 조금 더 힌트를 주실 수 있어요?)

회화 학습 도우미

> これはピンクの頭の人が出るアニメだよ。
> (번역 : 이건 분홍색 머리의 사람이 나오는 애니메이션이야.)

 他にどんな特徴がありますか?
(번역 : 그 외에 어떤 특징이 있어요?)

> いろんな年齢の人が出てくるんだ。
> 寂しい運命の人たちが家族になるのよ。
> (번역 : 여러 나이대의 사람이 나와.
> 외로운 운명의 사람들이 가족이 되지.)

もしかして「スパイファミリー」でしょうか?
(번역 : 혹시 '스파이 패밀리' 아닌가요?)

> 正解!
> (번역 : 정답!)

やった! 当たって嬉しいです。
(번역 : 야호! 맞춰서 기뻐요.)

■ **롤플레잉**

챗GPT에게 특정 상황을 설정하여 대화하는 것도 즐거운 놀이가 됩니다. 챗GPT는 제법 역할에 심취하여 답변을 해주기 때문에 사용자도 쉽게 몰입할 수 있습니다. 이 역시 구체적인 예시는 4부의 '회화 연습' 장에서 설명하겠습니다.

대화 시 주의 사항

챗GPT와는 굉장히 폭넓은 주제로 수준 높은 대화를 나눌 수 있습니다. 하지만 아직 부족한 점도 존재하는 것이 사실입니다. 따라서 아래 항목에 유의하면서 학습을 진행해봅시다.

■ 답변에 귀 기울이기

챗GPT와 대화할 때, 본인의 입으로 문장을 뱉는 것도 중요하지만 챗GPT가 어떤 방식으로 답변하는지도 주의 깊게 들어야 합니다. 내가 말한 내용을 반복하면서도 다른 표현을 사용하고 있지 않은지요. 챗GPT는 이런 방식으로 사용자의 말에 있던 오류를 지적합니다. 대화 중 오류가 있다면 알려달라고 미리 요청을 해두어도, 대화 진행 자체를 우선시하는 챗GPT의 특성상 대화가 끝나기 전까지는 틀린 부분을 곧바로 교정해주지 않기 때문입니다.

> 私の友達がね。不倫をしてるの。旦那さんがいるのに他の男と付き合ってるの。
> (번역 : 내 친구가 말이야. 바람을 피우고 있거든. 남편이 있는데 다른 남자랑 사귀고 있어.)

> 友達としてもどう対応するか悩むね。
> 何か助言を求められた？
> (번역 : 친구로서 어떻게 대응해야 할지 고민이 되겠네. 너한테 뭔가 조언을 해달래?)

> いや、彼女は自分の旦那さんに対して**申し訳ない気持ち**はないみたい。
> (번역 : 아니, 그녀는 자기 남편한테 **미안한 감정**은 없나 봐.)

彼女は旦那さんに対して罪悪感はないみたいだね。
それで、君自身はどう感じたの?
(번역 : 그녀는 남편한테 **죄책감**은 없나 보네.
그래서 넌 어떻게 느꼈어?)

'미안한 감정'이라는 표현을 '죄책감'이라는 더욱 명확한 단어로 자연스럽게 바꾸어 답변하는 챗GPT의 센스가 보이시나요? 이는 실제 일본인에게서도 보이는 특징이기도 합니다. 오류를 지적하지는 않지만 이를 자연스럽게 고친 표현으로 답변을 돌려주는 일본인의 배려를, 챗GPT에서도 찾을 수 있는 셈이지요. 그렇다 보니 원어민과의 회화 연습이라 여기고 귀를 쫑긋 세우는 것을 권합니다.

■ 언어 설정 오류

챗GPT의 음성 모드는 외국어 학습을 대비하여 개발된 것이 아니라 기본적으로 모국어 사용자를 대상으로 설정이 되어 있습니다. 그런 탓에 챗GPT의 언어 설정이 자꾸만 기기의 언어 설정으로 되돌아가는 에러가 발생하기도 합니다. 즉 일본어로 대화하도록 여러 번 요청하였음에도 불구하고 한국어로 답변을 주거나, 두 언어가 뒤섞이는 등의 상황이 발생하는 것입니다. 이때는 곧장 수정을 요청하거나 앱 종료 후 다시 대화를 시작하면 해결되니 기억해주세요.

おかえりなさい、恩지さん。오늘 하루는 어땠어요?
(번역 : 어서 와요. 은지님, 오늘 하루는 어땠어요?)

 日本語で喋ろうって言ったでしょ。
(번역 : 일본어로 말하라고 했잖아.)

ごめんなさい、次からは日本語で話しますね。
今日はどんな一日でしたか?
(번역 : 죄송해요. 다음부터는 일본어로 말할게요.
오늘은 어떤 하루였나요?)

특히 일본어로 회화 연습을 하고자 할 때는, 음성 모드에서 대화를 시작하기에 앞서 텍스트 모드에서 이를 일러주는 것이 좋습니다. "지금부터 일본어로만 대화하자", "내가 일본어로 말할 테니 일본어로 대답해줘" 등의 문장으로 분명하게 명시한 뒤에 대화를 시작해야 챗GPT가 대답할 언어를 혼동하는 상황이 줄어듭니다.

■ 난이도 맞추기

챗GPT는 모국어 사용자를 염두에 두고 말하기 때문에 음성의 속도가 상당히 빠릅니다. 챗GPT의 말을 알아듣기 어렵다면 천천히 말해달라고 요청할 수 있습니다. 뿐만 아니라 본인의 레벨에 맞춰서 대화의 난이도를 조절할 수 있습니다. "JLPT N4 수준으로 말해줘", "5살 아이 수준으로 말해줘"와 같이 말해주면 됩니다.

■ **가이드라인 주의**

정치적이거나 외설적인 내용 등 챗GPT와의 대화 주제로 삼을 수 없는 것들이 존재합니다. 만일 그러한 주제로 대화를 이어가려 한다면 챗GPT는 가이드라인 위반으로 인해 해당 주제로는 대화할 수 없다고 주의를 줍니다.

그런데 이따금 가이드라인에 걸리는 주제가 아님에도 불구하고 오류로 인해 가이드라인 위반 알림이 뜨기도 합니다. 이때는 안내 멘트가 끝난 후 대화를 이어가도 무방합니다.

기타 활용법

텍스트 모드로 돌아와, 챗GPT의 소소한 학습 활용법을 살펴볼게요.

일기 첨삭

초보자일 때는 문장을 만들기보다는 이미 존재하는 문장들을 다양하게 접하는 것이 중요합니다. 하지만 어휘를 제법 익힌 후에는 직접 작문을 해보는 것이 실력 향상에 도움이 됩니다. 이때 가볍게 접근할 수 있는 방법이 바로 '일기'입니다. 남에게 보이기 민망한 내용이라 할지라도 챗GPT 앞에서는 상관없으니 마음껏 써도 좋습니다. 일기를 써본 뒤에 입력하거나 사진을 찍어 챗GPT에게 검토를 요청해봅시다.

 이거 문장 오류 없는지 체크해줘.
今日はパンを作りに行った。ケーキを作って皆にあげた。皆からおいしい！と言われてすごく気分がUPされた。설명은 한국어로.

 약간 어색한 표현이 있어서 자연스럽게 수정하면 더 좋을 것 같아!

원문에서의 문제점
1. 「パンを作りに行った」
   - 「作りに行く」는 '만들러 가다'라는 뜻이긴 한데, 보통 요리를 만들 때보다는 '어딘가에 가서 만든다'는 뉘앙스가 강해.
   - 만약 베이커리나 쿠킹 클래스 같은 곳에 가서 빵을 만들었다면 괜찮지만, 집에서 만들었다면 「パンを作った」가 더 자연스러워.
2. 「気分がUPされた」
   - 「UPされた」는 일본어 원어민들이 잘 안 쓰는 표현이야.
   - 보통 「気分が上がった」나 「気分が良くなった」처럼 표현하는 게 자연스러워.

자연스럽게 수정한 문장
今日はパンを作った。ケーキも作って、皆にあげた。皆から「おいしい!」と言われて、すごく気分が上がった。

현재 문장도 일상적인 구어체로는 충분히 괜찮지만, 문장 흐름을 조금 더 자연스럽게 만들고 싶다면 이렇게 수정하는 것을 제안할게!

취미 서포터

일본어를 오래오래 즐겁게 공부하기 위해서는 흥미를 유지할 수 있는 무언가가 필요합니다. 이때 보탬이 되는 것이 '콘텐츠'입니다. 애니메이션이나 노래, 책 등을 통해 일본 문화를 즐기다 보면 일본어 공부에 대한 동기부여는 물론 친근감 향상과 자연스러운 청해 연습으로도 연결됩니다. 챗GPT는 이러한 면에서도 유용합니다. 이를테면 좋아하는 콘텐츠에 나오는 단어를 요청해서 암기 학습을 진행할 수 있습니다.

나카시마 미카의 노래 <눈의 꽃>에 나오는 단어 좀 줘.

 나카시마 미카의 노래 「雪の華(ゆきのはな, 눈의 꽃)」에 나오는 주요 단어들을 정리해드릴게요. 이 노래는 아름다운 가사와 서정적인 분위기로 사랑받는 곡이죠.

가사에서 자주 나오는 단어들
- 雪(ゆき) - 눈
- 華(はな) - 꽃
- そば - 곁, 옆
- 愛しい(いとしい) - 사랑스럽다, 그립다
- 夕闇(ゆうやみ) - 땅거미, 해질녘 어스름
- 風(かぜ) - 바람
- 匂い(におい) - 냄새

- 생략 -

 애니메이션 <주술회전>에 자주 나오는 단어 좀 줘.

 주술회전에서 자주 나올 법한 일본어 단어들을 정리해드릴게요. 주로 전투, 주술, 대사에서 자주 등장하는 단어들로 구성했습니다.

1. 전투 관련 단어
- 戦う(たたかう): 싸우다
- 攻撃(こうげき): 공격
- 防御(ぼうぎょ): 방어
- 呪術(じゅじゅつ): 주술
- 技(わざ): 기술
- 領域展開(りょういきてんかい): 영역 전개

- 생략 -

기타 활용법

문자 친구

일본어가 조금 익숙해진 후에는 일본인 친구에게 보낸다는 느낌으로 챗GPT와 문자를 주고받아도 유익합니다. 한자가 마음에 걸리면 후리가나를 요청해도 좋아요.

> 今日は週末なのに本当に忙しかった。
> (번역 : 오늘은 주말인데도 진짜 바빴어.)

お疲れ! 週末なのに忙しいのは大変だったね。
仕事? それとも何か特別な予定があったの?
(번역 : 고생했어! 주말이었는데도 바빴다니 힘들었겠네. 일 때문에? 아니면 뭔가 특별한 예정이 있었던 거야?)

> いつも同じさ。家事したり、動画作ったり。
> (번역 : 늘 똑같지 뭐. 집안일 하거나 영상 만들거나.)

なるほどね。週末でも結局やることは変わらないんだな。でも、動画作りは楽しい? それとも「やらなきゃ」って感じでやってる?
(번역 : 그렇군. 주말이라도 결국 할 일은 똑같네. 근데 영상 만드는 거 즐거워? 아님 의무감으로 하고 있는 거야?)

3부

챗GPT로
기초 문법 다지기

명사 문법 학습

명사, 형용사 + です vs 동사 + ます

이제부터 간단한 기초 문법을 함께 살펴보면서 챗GPT 학습법을 익혀 보겠습니다. 일본어를 잘 모르는 분들도 です나 ます는 들어본 적이 있을 거예요. 두 표현은 일본어에서 자주 쓰이는 종조사로, 우리나라의 '~(입/합)니다'처럼 활용합니다. 둘 다 정중한 말투이기 때문에 헷갈릴 수 있지만, 사용되는 상황을 구분해두면 이해하기 쉬워요.

구조	명사, 형용사 + です	동사 + ます
역할	(원형을) 정중한 표현으로 변환	
활용법	명사, 형용사 뒤에 직접 붙임	**동사** 뒤에 직접 붙임
해석	~입니다, ~(합)니다	~(합)니다
예시	学生です (학생입니다)	走ります(달립니다)

이번 장의 주제인 '명사' 그리고 이어서 '나형용사'와 '이형용사' 장에서는 です의 여러 가지 변형을 배우게 됩니다. ます는 '동사'를 학습하는 장에서 차근차근 다룰게요.

명사 긍정·부정 표현

다음으로는 명사를 사용해 현재형 문장을 만드는 긍정·부정 표현을 알아봅시다.

■ **명사의 긍정·부정 높임말:** です vs じゃありません

구조	명사 + です	명사 + じゃありません
해석	~입니다	~이(가) 아닙니다
예시	りんごです 사과**입니다**	りんごじゃありません 사과**가 아닙니다**

です의 부정형은 じゃありません입니다. 뒤에서 자세히 다루겠지만 ありません은 무언가를 부정하는 표현이고, じゃ는 명사에 ありません을 붙이기 위해 필요한 접착제라고 생각해주세요. 참고로 じゃ의 정식 형태는 では지만 발음이 용이한 じゃ가 훨씬 자주 활용됩니다. 굳이 구분하자면 では는 정중형이고 じゃ는 회화형인데, 엄격히 구분하여 사용할 필요는 없습니다. 회화에서도 では를 사용할 수 있지만 じゃ보다 말투가 다소 딱딱해지며, 문서에서도 じゃ를 사용할 수 있으나 では보다 격식이 없어질 뿐입니다.

자, 여기까지 이해가 되었다면 챗GPT와 연습을 해봅시다.

> 🧑 です와 じゃありません을 사용할 수 있게 한국어 예문 좀 줄래? 내가 그걸 일본어로 바꿔볼게. 정답은 맨 마지막에 정리해줘.
>
> 🌀 좋아! 간단한 한국어 문장 5개를 줄게.

한국어 문장
① 이건 제 가방입니다.
② 저 사람은 의사가 아닙니다.   - 생략 -

아래는 각 문장의 일본어 정답입니다:
① これは私のかばんです。
② あの人は医者ではありません。   - 생략 -

■ **명사의 긍정 · 부정 반말: だ vs じゃない**

구조	명사 + だ	명사 + じゃない
해석	~이다	~이(가) 아니다
예시	りんごだ 사과**다**	りんごじゃない 사과**가 아니다**

이번에는 반말 버전을 익혀보아요. 명사 긍정형을 쓰려면, 명사 뒤에 です 대신 です의 반말 버전인 だ만 붙이면 됩니다. 부정형 じゃありません의 경우 접착제인 じゃ는 그대로 두고, ありません을 반말 버전인 ない로 바꾸면 됩니다. ない는 몹시 유용한데, 그 자체로는 반말이지만 です만 붙이면 높임말이 됩니다. 즉 じゃないです로 정중한 부정을 표현할 수 있죠.

> **Tip - ありません vs ないです**
>
> 이후에 등장할 동사도 그러하지만, 일본어에서 부정형에는 보통 2가지의 갈림길이 존재합니다. 안 그래도 학습할 것이 많아 괴로운 학생들 입장에서는 한숨이 나오는 부분입니다. 왜 같은 뜻의 말을

두 개나 가지고 있는 건가 싶겠지만, 살아남은 모든 문법과 단어에는 의미가 있어요.

학습의 순서상 먼저 익히게 되는 ありません의 경우, 부정과 높임말이 통으로 묶여 있기 때문에 그대로 사용하는 수밖에 없습니다. 그러나 동일한 의미의 ないです의 경우 뒷부분에 부착된 높임말 です를 탈부착할 수 있어 반말과 높임말로 변신할 수가 있습니다.

ありません 없습니다	ない 없	です 습니다
(A)부정 (B)높임말	(A)부정	(B)높임말

어떤 분들은 변신이 자유자재로 가능한 ないです만 사용하겠다고 다짐할지도 모르겠습니다. 그러나 ありません은 격식을 갖춰야 하는 상황에서 자주 사용되는 편이며, 실제 사용 빈도도 ないです에 비해 떨어지지 않으니 반드시 양쪽 모두 학습하는 것이 바람직합니다.

■ 한눈에 보는 명사 현재 긍정 부정

구분	높임말	반말
긍정	명사 + です 예) りんごです 사과**입니다**	명사 + だ 예) りんごだ 사과다
부정	명사 + じゃありません(ないです) 예) りんごじゃありません 예) りんごじゃないです 사과**가 아닙니다**	명사 + じゃない 예) りんごじゃない 사과**가 아니다**

이번에는 이미지 생성 기능을 활용해서 문제를 내달라고 해봅시다.

> 🧑 だ, じゃない 를 이용한 이미지 문제를 내줄래? 그림을 제시하고 그게 맞는지 아닌지를 일본어로 문제를 내줘. 정답은 맨 마지막에.

여기 「だ」「じゃない」를 사용한 적당히 어려운 5가지 이미지 퀴즈야! 잘 생각해서 맞춰 봐!

퀴즈 1
이것은 채소 (   )。

1. だ。
2. じゃない。

- 생략 -

■ **명사 과거 긍정 부정**

구분	높임말	반말
긍정	명사 + でした	명사 + だった
	예) りんごでした 사과**였습니다**	예) りんごだった 사과**였다**
부정	명사 + じゃありませんでした (じゃなかったです)	명사 + じゃなかった
	예) りんごじゃありませんでした 예) りんごじゃなかったです 사과가 **아니었습니다**	예) りんごじゃなかった 사과가 **아니었다**

명사 문법 학습

です를 과거로 바꾸면 でした가 됩니다. じゃありません에도 でした를 덧붙여 과거형으로 쓸 수 있지요. 반말은 조금 헷갈릴 수 있는데 だ는 だった로, じゃない는 じゃなかった로 바뀝니다.

조사 표현

일본어를 공부할 때 가장 감사한 부분은 한국어와 일본어의 문법적 구조가 굉장히 유사하다는 점입니다. 특히 조사의 사용법이 거의 동일하다는 점에서 이득인데요.

 일본어 조사에 대해서 알려줄래?

 물론이지, 은지! 일본어에서 조사(助詞)는 문장에서 단어들 사이의 관계를 나타내는 중요한 요소야. 조사 없이는 일본어 문장의 구조를 파악하기 어렵지. 아래에 기본적인 일본어 조사 종류와 그 기능을 정리해줄게. 아주 많이 쓰이는 것부터, 예문까지 같이 줄게.

일본어의 대표적인 조사 정리
1. は (주제 조사)
   - 역할: 문장의 주제를 나타냄
   - 예문 : わたしは せんせいです。(나는 선생님입니다)
2. が (주어 조사 또는 강조)
   - 역할: 행위를 하는 주체를 나타냄. は와의 차이가 자주 출제됨!
   - 예문 : ねこが います。(고양이가 있습니다)
3. を (목적어 조사)
   - 역할: 동작의 대상을 나타냄
   - 예문 : ごはんを たべます。(밥을 먹습니다)

4. に (장소/시간/목적/방향 등 다양)
- 역할: 도착점, 시간, 대상 등
- 예문 : 学校に 行きます。(학교에 갑니다)
  七時に おきます。(7시에 일어납니다)

5. で (수단/장소/원인 등)
- 역할: 동작이 일어나는 장소, 수단
- 예문 : 図書館で 勉強します。(도서관에서 공부합니다)
  はしで 食べます。(젓가락으로 먹습니다) - 생략 -

 주로 헷갈리는 조사에 대해서도 정리해줘

 좋아, 은지! 이번엔 일본어 학습자들이 특히 많이 헷갈려 하는 비슷한 조사들의 차이를 비교하면서 정리해줄게. 예문도 함께 줄 테니 한눈에 쏙 들어올 거야!

헷갈리기 쉬운 일본어 조사 정리

1. 「は」 vs 「が」
- 공통점: 둘 다 주어(또는 주제)에 해당
- 차이점:

조사	기능	예문	해석
は	주제를 말할 때	わたしは 学生です。	저는 학생입니다. (→ '저'라는 존재가 화제)
が	새로운 정보나 강조할 때	わたしが 学生です。	(다른 사람이 아니라) 제가 학생입니다.

2. 「に」 vs 「で」
- 공통점: 장소 표현

• 차이점:

조사	기능	예문	해석
に	존재·도착점	学校に 行きます。	학교에 갑니다.
で	행동이 일어나는 장소	学校で 勉強します。	학교에서 공부합니다.

물론 우리말에서의 활용법과 완벽하게 일치하지는 않으니 방심은 금물! 특정 동사나 문법에 따라서는 한국어와 다른 조사가 쓰이기도 하니 주의해주세요. 아무리 그 모습이 비슷해 보여도 일본어가 '외국어'라는 점은 잊지 말아야겠지요?

> 🙋 **특정 동사나 문법에서는 한국어랑 조사 용법이 좀 달라지지?**

> 💬 맞아, 은지! 일본어는 특히 동사나 문법에 따라 조사가 한국어와 다르게 쓰이는 경우가 많아. 많이 틀리기 쉬운 표현 + 예문 위주로 설명해줄게!
>
> **1. 「が」 쓰는 표현 vs 한국어 "을/를"**
> 일본어 동사는 주체를 강조할 때 「が」를 쓰는 경우가 많아. — 생략 —
>
> **2. "한국어는 에게/한테" → 일본어는 「に」**
> 간접적인 대상은 일본어에서 보통 「に」를 써. — 생략 —
>
> **3. "한국어는 ~에서" → 일본어는 「を」**
> 동작의 출발점이나 통과 장소는 한국어는 '에서'를 쓰지만 일본어에서는 「を」를 쓰는 경우도 많아. — 생략 —

형용사 문법 학습

일본어에는 두 가지 종류의 형용사가 있습니다. 명사를 수식할 때 활용되는 형태에 따라서 '나형용사'와 '이형용사'로 나뉩니다. 참고로 나형용사는 이름에 '나(な)'가 있으나 원형 자체는 '다(だ)'로 끝이 나니 주의가 필요합니다. 아래 예시로 살펴보겠습니다.

구분	나형용사	이형용사
원형	しんせつだ 친절하다	やさしい 상냥하다
명사 수식	しんせつな + ひと	やさしい + ひと
해석	친절한 사람	상냥한 사람

더불어서 이때 기억해둬야 할 것은 '어간'이라는 개념입니다. 단어를 활용할 때 절대로 변하지 않는 부분을 가리킵니다. 반대로 상황에 따라 변하는 부분이 '어미'입니다. 먼저 나형용사를 살펴보겠습니다.

나형용사

나형용사의 예시로 '친절하다'는 의미의 단어 しんせつだ로 어간 어미의 구분을 살펴보겠습니다.

■ 어간 어미 구분

구분	원형	어간 (고정값)	어미 (변환)
나형용사	しんせつだ 친절하다	しんせつ	だ (な)

나형용사의 원형은 '~だ'로 끝이 납니다. 그런데 명사를 수식할 때 'だ'가 'な'로 바뀌기 때문에 な형용사라는 이름이 붙었습니다. 위의 표에서 보이듯이, 그대로 사용했을 때는 반말로 해석돼요. 경어나 부정형으로 표현하는 방법은 명사와 비슷한데, 나형용사의 어간에 명사에서 활용했던 종조사를 붙이면 됩니다.

■ 나형용사 현재 긍정 부정

구분	높임말	반말
긍정	しんせつです 친절합니다	しんせつだ 친절하다
부정	しんせつじゃありません しんせつじゃないです 친절하지 않습니다	しんせつじゃない 친절하지 않다

명사와 동일하지요? 다만 나형용사를 쓸 때는 어미는 생략하고 어간에 종조사를 붙이면 됩니다. 위 내용은 현재형이라서 이제 과거형도 알아보아요.

■ 나형용사 과거 긍정 부정

구분	높임말	반말
긍정	しんせつでした 친절했습니다	しんせつだった 친절했다
부정	しんせつじゃありませんでした しんせつじゃなかったです 친절하지 않았습니다	しんせつじゃなかった 친절하지 않았다

나형용사와 명사는 무척 닮아 있어서 과거 구조 역시도 동일합니다. 복습한다는 마음으로 익히면 도움이 됩니다. 참고로 だったです라는 말은 없습니다. です를 탈부착하는 것에 재미를 느낀 많은 분들이 자주 물어보곤 하는데요. 잘 생각해보면 이유는 명확합니다. でした라는 짧은 표현이 있음에도 굳이 だったです로 길게 표현할 이유가 없겠지요?

자, 그럼 이제 문제를 풀어봅시다.

 나형용사 현재 긍정 부정 변형 문제 5개 내줄래? 높임말만. 문제 자체는 한국어로. 후리가나 넣어주고. 답은 맨 마지막에.

 1. ( )에 들어갈 올바른 형태를 고르시오.

この公園(こうえん)はとても( )です。

a) きれい
b) きれいです
c) きれいではありません
d) きれいだった   - 생략 -

문제 1 정답: a   - 생략 -

형용사 문법 학습

이형용사

이번에는 이형용사의 예시로 '상냥하다'는 의미의 단어 やさしい를 봅시다.

■ 어간 어미 구분

구분	원형	어간 (고정값)	어미 (변환)
이형용사	やさしい 상냥하다	やさし	い

이형용사는 원형 자체가 い로 끝나며, 명사를 수식할 때도 동일하게 い를 그대로 써주면 됩니다. 여기까지는 쉬운데 문제는 부정형입니다.

■ 명사 vs 나형용사 vs 이형용사 현재 부정 비교

명사	나형용사	이형용사
りんごじゃない 사과가 아니다	しんせつじゃない 친절하지 않다	やさしくない 상냥하지 않다

명사, 나형용사는 동일하게 じゃ가 활용되지만, 이형용사는 い가 く로 변환됩니다. 혼자만 다르니 주의가 필요해요. 이런 독자 노선은 과거형에서도 이어집니다.

■ 명사 vs 나형용사 vs 이형용사 과거 긍정 비교

명사	나형용사	이형용사
りんごだった 사과였다	しんせつだった 친절했다	やさしかった 상냥했다

이처럼 이형용사는 맨 마지막의 い가 부정형의 경우 く로, 과거형의 경

우 かった로 변합니다. 즉 'k' 발음이 들어가는 형태로 변환됨을 잊지 말아주세요.

그런데 이 두 가지 규칙이 모두 포함된 과거 부정은 어떻게 될까요?

■ 명사 vs 나형용사 vs 이형용사 과거 부정 비교

명사	나형용사	이형용사
りんごじゃなかった 사과가 아니었다	しんせつじゃなかった 친절하지 않았다	やさしくなかった 상냥하지 않았다

사실 명사와 나형용사의 じゃない가 과거형에서 じゃなかった가 되는 이유는, 이형용사의 かった 규칙에 따른 것이었어요. 이처럼 이형용사 변환을 이해해야 명사와 나형용사의 구조까지도 정확하게 파악할 수 있습니다. 결국 모두 연결되어 있으니까요.

■ 이형용사 변형 정리

구분		높임말	반말
현재	긍정	やさしいです 상냥합니다	やさしい 상냥하다
현재	부정	やさしくありません やさしくないです 상냥하지 않습니다	やさしくない 상냥하지 않다
과거	긍정	やさしかったです 상냥했습니다	やさしかった 상냥했다
과거	부정	やさしくありませんでした やさしくなかったです 상냥하지 않았습니다	やさしくなかった 상냥하지 않았다

다음 쪽에서 나형용사의 변형문을 함께 비교해보면 좋습니다.

■ 나형용사 변형 정리

구분		높임말	반말
현재	긍정	しんせつです 친절합니다	しんせつだ 친절하다
	부정	しんせつじゃありません しんせつじゃないです 친절하지 않습니다	しんせつじゃない 친절하지 않다
과거	긍정	しんせつでした 친절했습니다	しんせつだった 친절했다
	부정	しんせつじゃありませんでした しんせつじゃなかったです 친절하지 않았습니다	しんせつじゃなかった 친절하지 않았다

두 형용사를 비교하면서 변형을 익혔으니, 나형용사와 동일한 방식으로 문제를 요청해 이해도를 체크합시다.

 이형용사 과거 긍정 부정 변형 문제 5개 내줄래? 반말만. 문제 자체는 한국어로. 후리가나 넣어주고. 답은 맨 마지막에.

 い형용사 과거 긍정·부정 변형 문제

1. ( )에 들어갈 올바른 형태를 골라라.
昨日(きのう)の天気(てんき)はとても( )。
a) 暑(あつ)い
b) 暑かった
c) 暑くない
d) 暑くなかった

정답

1. b) 暑かった

해설
- 문장: 昨日の天気はとても (　　)。
- 해석: 어제 날씨는 매우 (　　)했다.
- "きのう"(어제)라는 말이 있으므로 과거형을 사용해야 해.
- 형용사 暑い (덥다)의 과거형은 暑かった야.
- → 그래서 정답은 b) 暑かった!

- 생략 -

■ 명사의 명사 수식 'の'

명사 역시 또 다른 명사를 수식할 수 있어요. '나의 집', '한국의 사람', '너의 가방' 등과 같은 표현이 바로 명사가 명사를 수식하는 표현인데요. 이때 형용사와는 달리 の라는 접착제가 필요합니다. 아래 예시를 봅시다.

구분	명사	나형용사	이형용사
원형	にほん 일본	しんせつだ 친절하다	やさしい 상냥하다
명사 수식	にほん + **の** + ひと	しんせつ**な** + ひと	やさしい + ひと
해석	일본(**의**) 사람	친절**한** 사람	상냥**한** 사람

の는 기본적으로 '~의'로 해석되지만, 문장에 따라 다양하게 활용 가능합니다.

형용사의 부사 활용법

형용사는 부사로도 변신이 가능합니다. 나형용사는 원형에서 어미인 だ를 に로, 이형용사는 원형에서 어미인 い를 く로 바꾸어 뒤에 오는 동사 등을 수식해줄 수 있습니다. 이형용사는 이번에도 'k' 발음으로 활용되는 것입니다.

구분	나형용사	이형용사
원형	しずかだ 조용하다	おいしい 맛있다
형용사 부사 활용	しずかにたべる 조용**히** 먹다	おいし**く**たべる 맛있**게** 먹다

문법에 따른 변화는 사용 예시를 많이 보면 볼수록 익숙해집니다. 챗GPT에게 예문을 요청해봅시다.

> 🧑 형용사를 부사로 사용한 예문 10개만 만들어줘. 기본 동사로 현재 긍정 부정 중에 자연스러운 걸로.

 형용사 부사 활용 예문 (자연스러운 현재형 긍정·부정)
い형용사 → く (い → く)
な형용사 → に (な(だ) → に)

1. 速い (はやい) → 速く
   • 車が速く走る。(차가 빠르게 달린다.)
2. 静かだ (しずかだ) → 静かに
   • 静かに勉強する。(조용히 공부한다.)

- 생략 -

동사 문법 학습

동사 분류 규칙

동사 학습에서도 어간과 어미의 개념이 필요합니다. 고정 값인 '어간'과 달리 변환되는 부분인 '어미'를 기준으로 하여 3개의 그룹으로 동사를 나누기 때문입니다. 각 그룹에 따라서 이후 동사 변환 규칙이 다르기 때문에 반드시 초반에 익혀두어야 하는 개념이기도 합니다.

구분	1그룹	2그룹	3그룹
규칙	어미가 우(う)단 + 2/3그룹이 아닌 모든 동사	어미가 'る'로 끝나면서 그 앞 글자가 이(い)단 또는 에(え)단	する, くる 단 2개 동사 (불규칙)
예시	か**く** 쓰다 の**む** 마시다	み**る** 보다 たべ**る** 먹다	**する** 하다 **くる** 오다

 일본어 동사 그룹으로 퀴즈를 5개 내줄래?
문제는 한국어로. 정답은 맨 마지막에.

 일본어 동사 그룹 퀴즈 (5문제)

> **1. ( )에 들어갈 올바른 동사 그룹을 고르시오.**
> 「食(た)べる」는 ( ) 그룹 동사이다.
> a) 1그룹
> b) 2그룹
> c) 3그룹
>
> **정답**
> 1. b) 2그룹
> → 食べる는 え단 + る 형태라서 2그룹 동사야!   - 생략 -

단, 1그룹 동사에는 예외가 존재합니다. 형태만 보면 2그룹에 해당하는데 1그룹으로 분류되는 경우들이 있지요. 처음부터 모두 암기할 필요는 없고, 등장할 때마다 익히면 됩니다. 혹시 궁금하다면 챗GPT에게 물어보세요.

✦ 동사의 ます형 ✦

명사, 형용사에 높임말 표현으로 です가 있었던 것처럼, 동사에는 ます가 있습니다. 이때 동사의 어미를 변형해 ます와 합체시킨 것을 '동사의 ます형'이라고 합니다. 가장 기본이자 이후 여러 가지로 활용되는 문법이기 때문에 반드시 학습해두어야 합니다.

다만 동사의 그룹에 따라 ます형 변환 규칙에 차이가 있기 때문에 친숙해지기까지 충분한 연습이 필요합니다. 각 그룹마다 어떤 형태로 변화하는지, 챗GPT에게 설명을 요청해봅시다.

동사 그룹에 따른 ます형 변환을 가르쳐줘.

 좋아! 동사 그룹별 ます형 변환 방법을 정리해줄게.

1. 1그룹 동사

ます형 변환: 어미「う」→「い」단으로 변환 + ます

- 例)
  - 書く(かく) → 書きます (씁니다)
  - 飲む(のむ) → 飲みます (마십니다)
  - 話す(はなす) → 話します (말합니다)

2. 2그룹 동사

ます형 변환:「る」를 떼고 + ます

- 例)
  - 食べる(たべる) → 食べます (먹습니다)
  - 見る(みる) → 見ます (봅니다)
  - 起きる(おきる) → 起きます (일어납니다)

3. 3그룹 동사 (불규칙 동사)

특별한 변화 패턴

- する → します (합니다)
- 来る(くる) → 来ます(きます) (옵니다)

- 생략 -

이런 식으로 모르는 문법 개념이 나왔을 때마다 챗GPT에게 물어보면 상세하게 정리된 답변을 얻을 수 있습니다. 물론 공부한 뒤에는 퀴즈를 요청해서 학습한 내용을 점검해보는 것을 잊지 맙시다.

> ます형 변환 쪽지시험 10개만 내줘. 정답은 맨 마지막에. 일본어 단어의 뜻도 알려주고.

좋아! ます형 변환 쪽지시험 낼게!
각 동사의 ます형을 적어보고, 정답과 뜻은 맨 아래에서 확인해 봐!

ます형 변환 문제 (10문제)

1. 走る(はしる) → _____
2. 待つ(まつ) → _____
3. 押す(おす) → _____
4. 作る(つくる) → _____

- 생략 -

정답 & 뜻 확인

1. 走ります(はしります) → 달립니다
2. 待ちます(まちます) → 기다립니다
3. 押します(おします) → 누릅니다 / 밀다
4. 作ります(つくります) → 만듭니다

- 생략 -

■ **ます형 변형 정리**

ます형에 익숙해지려면 부정형과 과거형까지 함께 학습하면 좋습니다. です의 변형과 비슷한 점이 많기 때문에 복습하는 느낌으로 떠올려주세요. 1그룹의 예시로 いく, 2그룹의 예시로 たべる를 들어 시제, 그리고 긍정·부정에 따라 어떻게 변화하는지 다음 쪽의 표로 살펴보겠습니다.

구분		1그룹 (예: いく 가다)	2그룹 (예: たべる 먹다)	3그룹	
				する 하다	くる 오다
현재	긍정	いきます 갑니다	たべます 먹습니다	します 합니다	きます 옵니다
	부정	いきません 가지 않습니다	たべません 먹지 않습니다	しません 하지 않습니다	きません 오지 않습니다
과거	긍정	いきました 갔습니다	たべました 먹었습니다	しました 했습니다	きました 왔습니다
	부정	いきませんでした 가지 않았습니다	たべませんでした 먹지 않았습니다	しませんでした 하지 않았습니다	きませんでした 오지 않았습니다

> ます형 변형을 현재 과거 긍정 부정 다 섞어서 쪽지 시험 10개만 만들어줘. 정답은 맨 뒤에. 후리가나 넣어서.

 다음 문장에서 알맞은 동사를 골라 쓰세요.

1. 어제 친구와 영화를 ___ . (보다)
a) 見(み)ます
b) 見(み)ました
c) 見(み)ません   - 생략 -

정답: 1. b) 見ました
'어제'라는 말이 있으니까 → 과거 시제가 필요해.
'보다'라는 뜻에 부합하는 것은 → 見ました야.   - 생략 -

■ ます형 확장: 청유형 ましょう 학습

동사의 ます형에 친숙해지기 위해서 알아두면 좋은 표현이 ましょう입

니다. '~합시다'로 해석이 되는데, 만들기도 쉽고 발음하기도 편합니다. 어떤 행동을 권유한다는 의미에서 '청유형'이라고 부릅니다.

구분	1그룹 (예: いく 가다)	2그룹 (예: たべる 먹다)	3그룹	
			する 하다	くる 오다
ます형	いきます 갑니다	たべます 먹습니다	します 합니다	きます 옵니다
청유형	いきましょう 갑시다	たべましょう 먹읍시다	しましょう 합시다	きましょう 옵시다

✦ 동사 희망 표현 たい형 ✦

동사의 ます형을 활용한 대표적인 문법이 たい입니다. ます형에서의 동사 어미 형태에 ます 대신 たい를 붙이면 됩니다. 동사를 수식하여 그 행위를 '하고 싶다'는 의미로 사용됩니다. 1그룹 동사 いく의 예시로 활용 형태를 살펴봅시다.

원형	ます 활용	たい 활용	
いく 가다	いきます 갑니다	いきたい 가고 **싶다**	いきたいです 가고 **싶습니다**

> 🧑 동사의 뜻과 たい 변환을 푸는 쪽지시험 10개만 내줘. 정답은 맨 아래에.

> ✦ 좋아! たい 변환 쪽지시험 준비했어!
> 각 동사의 뜻을 먼저 생각하고, たい로 변환해 봐!

3부 챗GPT로 기초 문법 다지기

> たい 변환 문제 (10문제)
> 1. 読む (よむ) → (뜻: _____) → _____
> 2. 聞く (きく) → (뜻: _____) → _____
> 3. 書く (かく) → (뜻: _____) → _____
> 4. 飲む (のむ) → (뜻: _____) → _____
>
> 정답
> 1. (뜻: 읽다) → 読みたい
> 2. (뜻: 듣다, 묻다) → 聞きたい
> 3. (뜻: 쓰다) → 書きたい
> 4. (뜻: 마시다) → 飲みたい
>
> - 생략 -

■ たい 변형 정리

조동사 たい는 겉모습이 똑 닮은 い형용사의 규칙에 따라서 변형됩니다. 복습한다는 느낌으로 학습해도 좋습니다. 이 역시 いく로 예를 들어 보겠습니다.

구분		반말	높임말
현재	긍정	いきたい 가고 싶다	いきたいです 가고 싶습니다
현재	부정	いきたくない 가고 싶지 않다	いきたくないです いきたくありません 가고 싶지 않습니다
과거	긍정	いきたかった 가고 싶었다	いきたかったです 가고 싶었습니다
과거	부정	いきたくなかった 가고 싶지 않았다	いきたくなかったです いきたくありませんでした 가고 싶지 않았습니다

동사 문법 학습

> たい 변형 현재 과거 긍정 부정 섞어서 쪽지 시험 10개만. 정답은 맨 뒤에.

 1. 일본에 가서 온천에 ___ . (들어가고 싶다)
  a) 入(はい)りたい
  b) 入(はい)りたかった
  c) 入(はい)りたくない
  d) 入(はい)りたくなかった

정답: 1. a) 入りたい
한국어로 "들어가고 싶다" → 현재형 / 긍정
동사 入る(はいる) → 入りたい가 돼.

- 생략 -

동사 부정형 ない형

형용사가 그러하듯 동사도 부정형 반말에서는 ない를 활용합니다. 단, 동사의 그룹에 따라서 각기 다른 규칙을 활용해야 하는 데다가 예외도 있으니 주의해주세요. 이번에도 챗GPT를 통해 개념을 정리해봅시다. 개념을 익힌 뒤엔 아시죠? 문제를 요청해 풀어봅시다.

> 동사 그룹에 따른 ない형 변환을 가르쳐 줘. 예시 동사 넣어서. 후리가나도 써줘.

 그럼 간단하게 정리해줄게.

1그룹 동사 (五段動詞) - う단 → あ단 + ない

1그룹 동사는 어미가 う단으로 끝나는데, ない형 변환 시 う단을 あ단으로 바꾸고 ない를 붙이면 돼. (단, 「う」는 「わ」로 바뀜)
- 買う(かう) → 買わない(かわない)
- 書く(かく) → 書かない(かかない)
- 泳ぐ(およぐ) → 泳がない(およがない)   - 생략 -

2그룹 동사 (一段動詞) - る → ない

2그룹 동사는 어미가 る로 끝나는데, ない형 변환할 때 る를 떼고 ない를 붙이면 돼.
- 食べる(たべる) → 食べない(たべない)
- 見る(みる) → 見ない(みない)
- 起きる(おきる) → 起きない(おきない)   - 생략 -

3그룹 동사 (不規則動詞) - 예외적인 변화

불규칙 동사는 변형이 따로 정해져 있어!
- する → しない
- 来る(くる) → こない

> ない형 변환 쪽지시험 10개만 내줘. 정답은 맨 마지막에. 일본어 단어의 뜻은 정답이랑 같이 알려주고.

 ない형 변환 쪽지시험 (10문제)

다음 동사의 ない형을 쓰세요.
1. 書く(かく) →
2. 泳ぐ(およぐ) →
3. 話す(はなす) →

동사 문법 학습

4. 待つ(まつ) →　　　　　　　　　　　　　　　　　- 생략 -

정답 및 단어 뜻
1. 書く (かく, 쓰다) → 書かない
2. 泳ぐ (およぐ, 수영하다) → 泳がない
3. 話す (はなす, 말하다) → 話さない
4. 待つ (まつ, 기다리다) → 待たない　　　　　- 생략 -

■ **ない형 변형 정리**

동사를 ない로 변형한 후에는 な를 어간, い를 어미로 생각해 い형용사와 동일한 규칙으로 변형하면 됩니다. いく로 형태 변화를 정리해봅시다.

구분	반말	높임말
현재	いかない 가지 않는다	いかないです いきません 가지 않습니다
과거	いかなかった 가지 않았다	いかなかったです いきませんでした 가지 않았습니다

Tip - ませんでした vs なかったです

형용사도 마찬가지로 과거 부정의 높임말에 2가지 버전이 존재합니다. 앞서 설명한 ありません vs ないです에서 과거형을 추가한 심화 학습이라고 생각해주세요.

いきません	でした
(A)동사 (C)부정 (D)높임말	(D)높임말 (B)과거

いか	なかった	です
(A)동사	(B)과거 (C)부정	(D)높임말

해체해보면 A~D의 동일한 요소로 구성되어 있는 것을 알 수 있습니다. 그렇다 보니 왜 굳이 두 번째 버전이 필요할까 싶은데요. 하지만 분명 차이는 있습니다.

후자의 경우 です만 제외하면 반말로 변신이 가능한 반면, 전자의 경우 でした가 과거의 성질뿐만 아니라 높임말로서의 역할을 갖고 있기 때문에 아무리 애를 써도 반말의 형태로 바꿀 수 없습니다. 만일 でした를 삭제한다면 과거라는 시제까지 사라져버리니까요.

동사 연결형 て형

て형은 문장을 부드럽게 연결하거나 이유를 설명할 때 사용하는 문법입니다. 일본어에서 가장 중요한 문법으로 손꼽힐 만큼 사용도가 높은 동사 형태이지만, 변형 패턴이 복잡해서 주의가 필요합니다. 하지만 챗GPT를 활용하면 순식간에 정리할 수 있어요. て형이 동사 그룹에 따라 어떻게 변하는지 물어봅시다. 필요하다면 답변받은 내용을 워드 파일이나 엑셀로 다운받을 수도 있으니 활용해보세요.

> 동사 그룹에 따른 て형 변환을 가르쳐줘. 하나의 표로 보여줘.

동사 그룹별 て형 변환 정리표

동사 그룹	변화 패턴	예시 동사 (원형)	て형 변환
1그룹	う → って	会(あ)う	会(あ)って
	つ → って	待(ま)つ	待(ま)って
	る → って	帰(かえ)る	帰(かえ)って
	む → んで	飲(の)む	飲(の)んで
	ぶ → んで	遊(あそ)ぶ	遊(あそ)んで
	ぬ → んで	死(し)ぬ	死(し)んで
	く → いて	書(か)く	書(か)いて
	ぐ → いで	泳(およ)ぐ	泳(およ)いで
	す → して	話(はな)す	話(はな)して
2그룹	어간 그대로 + て	食(た)べる	食(た)べて
		見(み)る	見(み)て
		寝(ね)る	寝(ね)て
		起(お)きる	起(お)きて
		教(おし)える	教(おし)えて
3그룹	불규칙 변화	する	して
		来(く)る	来(き)て

■ て형의 역할

앞서 말했듯 て형은 문장을 자연스럽게 연결하거나 이유를 설명해주는 역할을 합니다. 이때 같은 て형이라 할지라도 문장에 따라 해석이 달라지기 때문에 전체 흐름을 파악하는 것이 중요합니다.

역할	예문
동작 나열	本(ほん)を読(よ)んで、寝(ね)ました 책을 **읽고**, 잤습니다
이유·원인	風邪(かぜ)を引(ひ)いて、学校(がっこう)を休(やす)みました 감기에 **걸려서**, 학교를 쉬었습니다

■ て형의 확장: ている

て형은 위의 뜻 외에도 여러 문법 형태로 조합되어 활용됩니다. 그 대표격인 ている는 て형에 いる라는 동사가 덧붙여진 구조입니다. 2가지 뜻으로 사용되는데, 어떤 행위가 현재 진행 중임을 나타내거나 또는 특정한 상태가 지속되고 있음을 나타냅니다.

역할	예문
현재 진행	本(ほん)を読(よ)んでいる 책을 **읽고 있다**
상태 지속	彼(かれ)は結婚(けっこん)している 그는 결혼해 **있다**(=결혼한 **상태다**, =결혼**했다**)

■ ている 변형 정리

'기다리다'라는 뜻을 가진 동사 待(ま)つ로 ている의 형태 변화를 정리해봅시다.

동사 문법 학습

구분	긍정	부정
현재	待(ま)っています 기다리고 있습니다	待(ま)っていません 待(ま)っていないです 기다리고 있지 않습니다
과거	待(ま)っていました 기다리고 있었습니다	待(ま)っていませんでした 待(ま)っていなかったです 기다리고 있지 않았습니다

한 번만 봐서는 이해가 안 되겠죠? 챗GPT에게 예문을 부탁합시다.

> 기본 동사에 ている 넣어서 예문 10개만 만들어줘. 반말하고 높임말 같이.

 「~ている」 예문 10개 (반말 & 높임말 버전)

1. 밥을 먹고 있어. / 밥을 먹고 있습니다.
ご飯(ごはん)を食(た)べている。 / ご飯(ごはん)を食(た)べています。
2. 공부하고 있어. / 공부하고 있습니다.
勉強(べんきょう)している。 / 勉強(べんきょう)しています。
3. 버스를 기다리고 있어. / 버스를 기다리고 있습니다.
バスを待(ま)っている。 / バスを待(ま)っています。　- 생략 -

■ **명사/형용사 연결형 학습**

동사뿐만 아니라 명사와 형용사에도 て형과 같은 역할을 하는 '연결형'이 존재합니다. 앞서 그러했듯이 명사와 나형용사는 원형/어간을 그대로 사용하며, 여기에 で를 붙이면 됩니다. 이형용사는 또 다시 'k' 발음이 등장하는데, 어간에 'くて'가 붙습니다.

구분	명사 (예: りんご 사과)	나형용사 (예: しんせつだ 친절하다)	이형용사 (예: やさしい 상냥하다)
て형	りんご**で** (나열) 사과**이고** (이유) 사과**라서**	しんせつ**で** (나열) 친절**하고** (이유) 친절**해서**	やさし**くて** (나열) 상냥**하고** (이유) 상냥**해서**

> 🧑 명사, 형용사의 연결형 て형 사용한 예문 10개만 줘.

> 🌀 **명사·형용사의 연결형(て형) 사용 예문 (10개)**
>
> い형용사 → くて
> な형용사·명사 → で
>
> **い형용사 (~くて) 예문**
> 1. この部屋は広くて明るい。(이 방은 넓고 밝다.)
> 2. うれしくて泣いてしまいました。(기뻐서 울어버렸어요.) - 생략 -
>
> **な형용사·명사 (~で) 예문**
> 9. 私は学生で、彼は先生だ。(나는 학생이고, 그는 선생님이다.)
> 10. 病気で、学校を休みました。(병이라서 학교를 쉬었어요.)
>
> - 생략 -

✦ 동사 과거형 た형 ✦

동사 て형과 동일한 규칙으로, 'て'를 'た'로만 변경하면 과거형 た형으로 활용할 수 있습니다. '과거 반말'을 표현하기 위해 사용합니다. て형을 복습한다는 느낌으로 임하면 더욱 좋습니다.

구분	1그룹 (예: いく 가다)	2그룹 (예: たべる 먹다)	3그룹	
			する 하다	くる 오다
た형 과거 반말	いった 갔다	たべた 먹었다	した 했다	きた 왔다
(비교) 과거 높임말	いきました 갔습니다	たべました 먹었습니다	しました 했습니다	きました 왔습니다

■ 명사와 형용사의 과거 반말 복습

명사와 형용사의 과거 반말 구조는 이미 배운 부분이지만, 위의 동사와 함께 연결해서 한 번 더 보면 복습에 도움이 됩니다.

구분	명사 (예: りんご)	나형용사 (예: しんせつだ)	이형용사 (예: やさしい)
과거 반말	りんごだった 사과였다	しんせつだった 친절했다	やさしかった 상냥했다

■ ている 복습

앞에서 다뤘던 ている 역시 た형으로 과거 시제임을 표현할 수 있습니다. 높임말과 반말, 그리고 시제 및 긍정·부정에 따라 달라지는 ている의 형태를 복습해봅시다.

구분		높임말	반말
현재	긍정	待(ま)っています 기다리고 있습니다	待(ま)っている 기다리고 있어
	부정	待(ま)っていないです 待(ま)っていません 기다리고 있지 않습니다	待(ま)っていない 기다리고 있지 않다

구분		높임말	반말
과거	긍정	待(ま)っていました 기다리고 있었습니다	待(ま)っていた 기다리고 있었다
	부정	待(ま)っていなかったです 待(ま)っていませんでした 기다리고 있지 않았습니다	待(ま)っていなかった 기다리고 있지 않았다

동사/형용사 보통형

보통형은 높임말과 반대되는 '반말' 형태를 가리킵니다. 그 자체로도 사용할 수 있지만 일반적으로 명사를 수식할 때 보통형을 활용하기 때문에 학습이 반드시 필요합니다. 단, 나형용사의 현재 긍정 수식만큼은 예외적으로 나형용사 규칙에 따릅니다.

■ 보통형으로 사용될 때

구분	나형용사 (예: ゆうめいだ)	이형용사 (예: おもしろい)	동사 (예: たべる)
현재 긍정 (원형)	ゆうめいだ 유명하다	おもしろい 재밌다	たべる 먹다
현재 부정 (ない형)	ゆうめいじゃない 유명하지 않다	おもしろくない 재미없다	たべない 먹지 않다
과거 긍정 (た형)	ゆうめいだった 유명했다	おもしろかった 재밌었다	たべた 먹었다
과거 부정 (なかった)	ゆうめいじゃなかった 유명하지 않았다	おもしろくなかった 재미없었다	たべなかった 먹지 않았다

■ **명사를 수식할 때**

구분	나형용사 (예: ゆうめいだ)	이형용사 (예: おもしろい)	동사 (예: たべる)
현재 긍정	ゆうめいなかしゅ *예외 유명한 가수	おもしろいほん 재밌는 책	たべるパン 먹는 빵
현재 부정 (ない형)	ゆうめいじゃない かしゅ 유명하지 않은 가수	おもしろくないほん 재미없는 책	たべないパン 먹지 않는 빵
과거 긍정 (た형)	ゆうめいだったかしゅ 유명했던 가수	おもしろかったほん 재밌었던 책	たべたパン 먹었던 빵
과거 부정 (なかった)	ゆうめいじゃなかった かしゅ 유명하지 않았던 가수	おもしろくなかった ほん 재미없었던 책	たべなかった パン 먹지 않았던 빵

> 👤 일본어 보통형으로 명사 수식하는 문제 5개 문제만 줘.
> 정답이랑 각 단어의 뜻은 맨 마지막에.

🌀 다음 문장에서 ( ) 안에 알맞은 형태를 고르세요.
1. これは( )人が書いた本です。
   ① うつくしい
   ② うつくしく
   ③ うつくし
2. 昨日( )映画はとても面白かった。
   ① みる
   ② みた
   ③ みて

- 생략 -

정답
1. ① うつくしい → 아름다운
   형용사(い형용사)는 명사를 수식할 때 기본형 사용
   → うつくしい人(아름다운 사람)
2. ② みた → 봤다
   과거에 본 영화 → みた映画(본 영화)

-생략-

이후 독학 팁

이제 어느 정도 감이 잡히시나요? 마음 같아서는 이 세상에 존재하는 모든 문법을 지면에 담고 싶지만 그럴 수 없어 아쉬울 뿐입니다. 비록 이곳에서 다루지는 못했지만 여러분들께 꼭 소개하고 싶은 중요 문법들의 종류와, 이러한 문법들을 학습하기 위해 챗GPT에게 어떻게 질문할 수 있는지 간략하게 정리해볼게요.

질문 예시

- ~문법에 대해서 설명해줘
- ~형을 만들 때 규칙을 동사 그룹별로 설명해줘
- 많이 사용되는 예문을 ~급 수준으로 30개 만들어줘
- ~과 비슷한 것 같은데 차이를 알려줘
- 내가 만든 문장 맞는지 확인해줘
- ~문법으로 객관식(주관식) 문제를 만들어줘

초급 문법

- 수수표현
- ようだ
- そうだ
- 가정법
- 가능형
- 의지형
- 사역형
- 수동형
- 명령형
- でしょう & だろう

중급 문법

- うちに
- 気(き)가 들어가는 표현
- あつい vs てあつい 비교
- すむ vs くらす vs すごす 비교
- 자타동사
- に決(き)まっている
- ために vs ように 비교
- 복합동사
- 目(め)にする
- 사자성어

중고급 문법

- ぱなし
- もったいない vs おしい 비교
- 楽(たの)しさ vs 楽しみ 비교
- 自分(じぶん)で vs 自(みずか)ら 비교
- 단호한 こと

알아두면 도움이 되는 표현

- 男性 女性 vs 男子 女子
- いやがらせ
- とおまわし & あとまわし
- ばいめい & ろんがい
- おんけい & けねん
- ひとやすみ & ひとごと
- よみがえる
- さます vs さめる vs ひやす
- しまう
- あたためる vs あたたまる
- うらづける

4부

챗GPT
활용법

JLPT 준비

일본어 자격증은 대표적으로 JLPT와 JPT로 나뉩니다. 각기 다른 특징이 존재하는데, 난이도 면에서나 공인되는 범위 면에서나 JLPT에 먼저 도전하는 것이 좋습니다.

급수 선택하기

JLPT는 앞서 설명했듯 급수제입니다. N1(1급)~N5(5급)까지 각 시험이 동시에 진행되기 때문에 응시할 급수를 택일하여 신청해야 합니다. 따라서 급수 선택이 중요한데, 응시 후 시험을 치르기까지 3개월가량 시간이 있으므로 응시 시점에 본인에게 적절한 급수보다 조금 더 높은 단계의 급수에 도전하는 것을 권장합니다.

　참고로 만점은 모두 동일하게 180점이며 합격 점수는 급수에 따라 다릅니다. N5는 80점, N4와 N2는 90점, N3은 95점, N1은 100점이며 상대평가로 진행됩니다.

나의 급수 파악하기

챗GPT에서는 몇 개의 문제로 나의 급수를 판단해주기도 합니다. 이런 간단한 테스트만으로는 정확도가 낮을 수 있으나 여러 번 테스트를 거쳤을 때 동일한 급수를 권유받는다면 고려할 만한 가치가 있습니다.

물론 가장 정확한 방법은 시중에 판매되고 있는 '실전 모의고사 문제지'를 시험과 동일한 조건 속에서 풀어보는 것이니, 챗GPT의 모의 테스트는 어디까지나 참고만 해주세요.

🧑 내가 JLPT 몇 급을 보면 좋을지 간단한 모의 테스트 준비해줄래?

💠 간단한 JLPT 급수 판별 모의 테스트를 준비해볼게.
테스트는 문법, 독해, 어휘, 청해 네 가지 영역에서 9문항을 구성할게.

JLPT 급수 판별 모의 테스트
다음은 문법, 독해, 어휘 영역에서 총 9문제로 구성된 간단한 모의 테스트야. 각 문제를 풀고 정답을 알려주면, 점수를 분석해서 적절한 급수를 추천해줄게!

문법 문제
1. 次の文の(　)に入る適切な言葉を選びなさい。
彼は毎日ジョギングを(　)いる。
a) して
b) し
c) すれ
d) する

- 생략 -

시험 계획 짜기

JLPT는 1년에 단 2회만 치를 수 있기에 철저한 준비가 필요합니다. 이 때 챗GPT에게 본인의 상황을 구체적으로 전달하면 가장 효율적인 스케줄을 제안받을 수 있습니다.

 올해 7월 JLPT N1 시험을 볼 건데 하루에 얼마나 공부해야 할까? 오늘은 25년 1월 29일이야. 예전에 제2외국어로 일본어를 조금 배웠어.

 JLPT N1 시험이 2025년 7월 6일(예상 시험일)이라고 가정하면, 오늘 (1월 29일)부터 약 5개월 반(약 160일) 정도 남았어. 다음과 같이 공부량을 설정할 수 있어.

하루 공부 시간 추천 (현재 실력에 따라 조정 가능)
- 기본 실력 있음 (N2 통과 or N1 도전 경험 있음) → 하루 2~3시간
- N2 수준이지만 N1 단어 · 문법 부족 → 하루 3~4시간
- N2 공부 중이거나 N1 처음 도전 → 하루 4~5시간

추천 공부 루틴 (하루 기준)
단어 (30~45분)
- 하루 50~80개 N1 단어 + 한자 암기
- 예문 만들어서 직접 써보기
- N1 필수 단어장 활용

문법 (30~45분)
- 하루 5~7개 N1 문법 학습
- 실전 문제 풀이 & 문장 속에서 연습

독해 (45분~1시간)
- 하루 2~3개 지문 풀이
- 문제 풀고 해석 후, 문장 구조 분석
- 어려운 문장 문법/표현 따로 정리

청해 (30~45분)
- N1 청해 문제풀이 (유형별 연습)
- 유튜브·팟캐스트 활용해서 듣기 연습

- 생략 -

단어 배달받기

스케줄을 아무리 잘 세워도 실천하지 않으면 아무 의미가 없습니다. 이때 필요한 것은 꾸준함인데, 이를 위해서는 습관을 갖는 것이 중요합니다. 챗GPT는 이러한 학습 습관 형성에도 도움을 줄 수 있습니다. 주로 즉각적인 피드백을 받기 위해 챗GPT를 사용하지만, 요청 내용에 따라서는 주기적으로 특정 정보를 제공하도록 설정할 수 있어 유용합니다. 이 기능은 유료 요금제에서만 사용이 가능합니다.

　독학의 가장 큰 난관은 꾸준함을 유지하기 어렵다는 점인데요. 성실한 단어 배달부 챗GPT 덕분에 학습자들은 아주 간편히 열공의 불꽃을 유지할 수 있습니다. 참고로 이 기능은 유료 플랜에서만 가능하지만, 챗GPT의 여러 기능들이 무료 플랜에서도 점차 제공되고 있으니 꼭 시도해보세요.

매일 오전 9시 반에 일본어 N4 단어 10개 다른 거 줘. 설명은 한국어로.

 알겠습니다! 매일 아침 9시 30분에 알려드릴게요.

독해 (45분~1시간)
- 하루 2~3개 지문 풀이

오늘의 JLPT N4 단어 10개 (설명 포함)
1. 安心 (あんしん) - 안심
2. 運転 (うんてん) - 운전
3. 火事 (かじ) - 화재
4. 会議 (かいぎ) - 회의
5. 教科書 (きょうかしょ) - 교과서
6. 残念 (ざんねん) - 유감, 실망
7. 出発 (しゅっぱつ) - 출발
8. 世界 (せかい) - 세계
9. 注意 (ちゅうい) - 주의
10. 答える (こたえる) - 대답하다
오늘도 열심히 공부해보세요!

- 생략 -

기기에서 미리 앱알림 설정을 해놓으면 챗GPT에서 단어가 배달되었을 때 알람을 받아볼 수 있습니다. 중지하고 싶거나 시간을 변경하고 싶다면 해당 채팅방에 요청 사항을 추가하는 것만으로도 간편하게 수정할 수도 있어 편리합니다.

예상 문제 요청하기

챗GPT는 실제 자격증 시험에 제출되었던 문제를 가지고 오지는 못합니다. 하지만 비슷한 유형의 문제는 얼마든지 만들어낼 수 있습니다. 독해나 어휘 등 본인이 취약한 부분에서 문제를 요청함으로써 해당 부분을 집중 공략하여 학습해보세요.

> N2 시험에 나올 법한 단어의 사용법에 대한 문제 5개만 만들어줘. 정답과 해설은 맨 마지막에.

 JLPT N2 수준 어휘 사용법 문제 5개

問題(もんだい)
次(つぎ)の 文(ぶん)に もっとも 適(てき)した 言葉(ことば)を 選(えら)びなさい。
① 彼(かれ)は部長(ぶちょう)に昇進(しょうしん)したが、責任(せきにん)が＿＿＿して大変(たいへん)そうだ。
1. 追加(ついか)
2. 拡大(かくだい)
3. 増加(ぞうか)
4. 負担(ふたん)

- 생략 -

이때 답이 납득되지 않거나 추가 설명이 필요하다면 얼마든지 꼬리 질문도 가능합니다.

2번 답 진짜로 3번이야?

 은지, 날카롭네! 다시 한번 확인해볼게.

- 여기서 주어는 責任(せきにん) → "책임이 ~~했다"
- "책임이 많아져서 힘들어 보인다"는 뉘앙스니까 "책임이 늘었다"
  = 責任が増加した가 가장 자연스러워.
- 拡大는 면적이나 규모가 물리적으로 커지는 걸 말해. → 예: 市場が 拡大する(시장이 확대되다) → 책임처럼 추상적인 '양'에는 잘 안 씀.

문장 예시
- 責任が拡大した → 다소 부자연스럽고 잘 쓰이지 않음
- 責任が増加した → 매우 자연스럽고 실제 사용됨

따라서 정답은 3번이 맞아! 2번은 의미는 통하지만 어색한 용법이야.
정정 완료! 고마워, 은지!

질문 형식

JLPT N1/2/3/4/5 시험에 나올 법한~ ___질문 예시___ .
정답과 해설은 맨 마지막에.

질문 예시

1. 문자 · 어휘
- 어휘 문제 5개 만들어줘. 문맥 속에서 고르는 객관식으로.
- 문장 속에서 쓰인 단어의 의미를 고르는 문제 3개만 내줘.

- 비슷한 뜻을 가진 단어 중에서 가장 자연스러운 걸 고르는 문제 만들어줘.
- 한자 읽기 문제 5문제 만들어줘. 선택지 4개로.

2. 문법
- 문법 문제 5개 만들어줘. 빈칸 채우기 형식으로, 선택지 4개로.
- 문맥상 어울리는 문법을 고르는 문제 만들어줘. 함정 보기 포함해서.
- 문장을 구성하는 문장 조각(A~D)의 순서를 맞추는 문법 문제 만들어줘.
- 문장 배열 문제 예제 3개만 줘.

3. 독해
- 독해 문제 만들어줘. 짧은 지문이랑 보기 4개로.
- 독해 지문을 주고 '이 글의 요지를 고르세요' 형식의 문제 만들어줘.
- 이해력을 묻는 문제 3문제만 만들어줘.
- 긴 독해 지문 만들어줘. 질문 2개만.
- 논설문 스타일 독해 지문 만들어줘. 내용 일치/불일치 문제로 질문해줘.

문제 해설 요청하기

자격증 교재를 구매하면 모의테스트 문제집을 함께 받기도 합니다. 그런데 해설지가 생략되어 제대로 활용하기 어려울 때가 있습니다. 이때 챗GPT의 사진 업로드 기능을 활용하면 손쉽게 정답과 해설을 얻을 수 있습니다.

이 문제 정답이랑 해설 좀 알려줘.

【問題】
経営をめぐる（　　）を防ぐため、新たな規則が導入された。

1. 紛争
2. 訴訟
3. 対立
4. 賠償

 문제 분석 및 정답

정답: 1. 紛争 (분쟁)

해설:
문장의 의미는 "경영을 둘러싼 ○○을 방지하기 위해, 새로운 규칙이 도입되었다"입니다.

각 보기의 의미를 살펴보면:

紛争 (분쟁): 의견이나 이해관계의 충돌로 인한 다툼. → ✔ 자연스럽고 포괄적인 표현. 경영을 둘러싸고 다양한 이해관계에서 분쟁이 발생할 수 있으므로 적절합니다.

訴訟 (소송): 법적 분쟁을 해결하기 위한 재판 절차. → 다소 구체적이고, "紛争"의 결과로 발생할 수 있는 일.

対立 (대립): 상반된 의견이 맞서는 것. → 가능하지만 "紛争"보다 넓은 의미를 포함하지는 못함.

賠償 (배상): 전혀 문맥에 맞지 않음.

회화 연습

대화 및 토론 연습

챗GPT의 고급 음성 모드는 제대로 활용한다면 나만의 일본어 원어민 선생님이 될 수 있을 만큼 뛰어난 수준을 자랑합니다. 무엇보다도 효율적인 것은 내가 원할 때, 원하는 내용으로, 원하는 만큼 대화할 수 있다는 점입니다. 대화 내용이나 실수로 인해 사회적 체면을 해칠 우려도 없기 때문에 두려워할 필요도 없습니다.

■ 초급 - 특정 표현으로 대화 나누기

아직 알고 있는 어휘가 충분하지 않을 때에는 대화를 오래 이어가기가 어려울 수 있습니다. 이때는 최근 배운 표현을 활용해 대화하고 싶다고 요청하는 것도 한 가지 방법입니다.

회화 중간에 모르는 단어나 표현이 등장하면 그 자리에서 편히 질문을 해도 좋습니다. 대화가 끝난 후 텍스트 기록을 보면서 헷갈렸던 부분이나 실수했던 부분에 대해서 추가로 질문하는 것도 학습에 도움이 됩니다.

특정 문법에 대한 대화를 요청해봅시다. 저는 JLPT N5 수준에서, 앞서 배웠던 '~를 하고 싶다'라는 의미의 'たい' 표현을 활용해 대화를 해보겠습니다.

> JLPTN5レベルで、'たい'という表現を使った会話をしたいと思う。じゃあ、スタート!
> (번역 : JLPT N5 레벨로 'たい'라는 표현을 사용한 회화를 하고 싶어. 자, 시작!)

 じゃあ、始めましょう。「何をしたいですか?」
(번역 : 자, 시작합시다. 「무엇을 하고 싶어요?」)

> 会話がしたいです。
> (번역 : 회화를 하고 싶습니다.)

いいですね。じゃあ、「誰と会話をしたいですか?」
(번역 : 좋네요. 자, 「누구와 회화를 하고 싶나요?」)

> あなたと会話がしたいです。
> (번역 : 당신과 회화를 하고 싶어요.)

わかりました! では、どんな話題で話したいですか?
(번역 : 알겠어요! 그럼, 어떤 주제로 얘기 나누고 싶어요?)

> 話題って何ですか?
> (번역 : '話題'라는 게 뭐죠?)

■ **중급 - 자유로운 주제로 대화 나누기**

어느 정도 어휘가 쌓인 후에는 자유 주제에 도전해야 합니다. 이때 누구나 수많은 오류를 범하며 이 과정은 필수불가결합니다. 포인트는 연습을 반복해 이 관문을 통과하는 것인데, 보통 독학자의 경우 이러한 경험을 쉽사리 하기 어려워 도중에 포기하곤 합니다.

그렇기에 챗GPT의 등장은 아주 반가운 것입니다. 실수에 실수를 거듭해도 상관없이 몇십 번이고 대화를 시도할 수 있기 때문이지요. 챗GPT와 회화 경험을 쌓아가다 보면 실제 일본인과도 큰 어려움 없이 자연스럽게 대화를 이어나갈 수 있게 됩니다. 자신이 어느 정도 수준인지만 알려주고 특정한 주제 없이 자유롭게 대화를 해봅시다.

 JLPT N3レベルで会話しよう。
(번역 : JLPT N3 레벨로 대화하자.)

 いいね! JLPT N3レベルで会話しよう。
最近、何か面白いことあった?
(번역 : 좋네! JLPT N3 레벨로 대화하자.
최근, 뭔가 재밌는 일 있었어?)

普段とあんまり変わらないよ。
(번역 : 평소랑 별로 다른 건 없어.)

そうなんだ。普段はどんなことをして過ごしているの?
(번역 : 그렇구나. 평소 어떤 걸 하면서 지내?)

> 知っての通り、私はユーチューバーだからね、動画を作ったり、会社に行ったりして忙しいんだ。
> (번역 : 알다시피 난 유튜버니까 영상도 만들고 회사도 가고 바빠.)

> そうなんだ、忙しいね。動画制作と会社の仕事、両立するのは大変だね。でも、やりがいもありそう!
> (번역 : 그렇구나. 바쁘겠네. 영상 제작이랑 회사 일, 둘 다 해내려면 힘들겠다. 그래도 보람이 있을 것 같아!)

■ 고급 - 특정 주제로 토론하기

제법 회화 경험을 쌓은 후에는 챗GPT와 특정한 주제로 토론하는 것도 재밌는 경험이 됩니다. 본디 토론이라 함은 상대방을 설득하기 위한 논리가 필요한 만큼, 본인이 아는 모든 어휘와 문법을 총동원할 수 있어 유익합니다. 모국어로도 어려운 일을 외국어로 해냈을 때 얼마나 뿌듯할지 상상해보세요. 충분한 동기부여가 될 것입니다.

> あなたと討論したいの。お酒とタバコ、どちらがより悪いかについて話したいんだけど、私はタバコの方がより悪いという意見なの。だから、あなたは反対の立場で討論しよう。
> (번역 : 너랑 토론하고 싶어. 술과 담배, 어느 쪽이 더 나쁜지에 대해서 대화하고 싶은데, 나는 담배가 더 나쁘다는 의견이야. 그러니까 너는 반대 입장에서 토론하자.)

> 面白いトピックだね! じゃあ、お酒の方が悪いという立場で話して

회화 연습

みるよ。お酒は、大量に摂取すると健康に深刻な影響を及ぼすことがあるし、依存症のリスクも高いよね。また、飲酒運転などの社会的な問題も引き起こすことがあるから、そういう面でも悪影響が大きいと考えられるんだ。もちろん、タバコも健康に悪い影響があるけれど、お酒の方が人との関係や社会全体に与える悪影響が大きいのではないかと思うよ。どうかな？
(번역 : 재밌는 주제네! 그럼, 술이 더 나쁘다는 입장에서 말해볼게. 술은 대량으로 섭취하면 건강에 심각한 영향을 끼칠 수 있고 의존증의 리스크가 높아. 그리고 음주 운전 같은 사회적인 문제도 일으킬 수 있으니까 그런 면에서 악영향이 크다고 생각해. 물론 담배도 건강에 나쁜 영향을 주기는 하지만 술이 인간관계나 사회 전체에 끼치는 악영향이 더 큰 거 같아. 넌 어떻게 생각해?)

> でも、私が思うにはね、お酒は量さえちゃんと抑えれば、体の循環や血液の循環にも役立つし、人とのつながりにも役立つでしょ。でも、タバコの場合は何の利点もないのよ。
> (번역 : 그렇지만 내가 생각하기에는, 술은 양만 제대로 조절하면 몸의 순환이나 혈액 순환에 도움이 되기도 하고, 다른 사람들하고의 관계에서도 도움이 되잖아? 근데 담배는 아무런 이점이 없어.)

確かに、お酒は適量ならリラックス効果や社交の場での潤滑油になることもあるよね。一方で、タバコは健康に悪影響しかなく、受動喫煙も含めて他人に迷惑をかけることが多いよね。お酒が節度を持って楽しめる一方で、タバコにはそういったポジティブな面がほとんどないというのは、確かに一理あるね。
(번역 : 하긴, 술은 적량이라면 릴렉스 효과를 얻거나 사회적으로 윤활유가 되기도 하지. 반면, 담배는 건강에 악영향만 주고 간접흡연 같이 타인에게 피해를 끼치는 일도 많고. 술은 잘 조절하면 즐길 수 있지만 담배는 그런 긍정적인 면이 거의 없다는 점은 분명 일리가 있어.)

챗GPT와의 대화는 어떻게 흘러갈지 예측할 수가 없어요. 마치 일본인들과의 실제 회화처럼 살아 움직이기에 더욱 재밌는 대화 속에서 티키타카를 즐겨보세요. 가장 중요한 것은 무언가를 전달하려는 의지예요. 본인의 생각과 감정을 솔직하게, 최선을 다해 전해봅시다.

■ 추천 주제 리스트

다음 쪽에 도움이 될 만한 토론 주제들을 정리해보았습니다. 제가 드린 문장을 활용하여 대화의 첫 스타트를 상쾌하게 끊어보아요. 곧장 연습을 시작해도 좋고, 사전에 관련 단어들을 학습한 후에 도전해도 좋습니다.

> 質問があります。
> (번역 : 질문이 있어요.)

> もちろんです、何でも聞いてください。
> (번역 : 물론이죠. 뭐든 물어봐주세요.)

> 日本語を勉強する理由ときっかけについて話したいです。
> (번역 : 일본어를 공부하는 이유하고 계기에 대해서 얘기하고 싶어요.)

> いいですね、そういう話題は興味深いです。
> 은지さんはなぜ日本語を勉強し始めたんですか?
> (번역 : 좋네요. 그런 주제는 흥미롭네요.
> 은지 씨는 어째서 일본어를 공부하기 시작했나요?)

회화 연습

자신에 대한 주제 예시

(1) 日本語を勉強する理由、きっかけについて話したいです。
にほんご　べんきょう　　りゆう　　　　　　　　　　　はな
일본어를 배우는 이유, 계기에 대해서 얘기하고 싶어요.

(2) 自分の長所や短所について話したいです。
じぶん　ちょうしょ たんしょ　　　　　　はな
제 장점과 단점에 대해서 얘기하고 싶어요.

(3) 自分の好きな食べ物について話したいです。
じぶん　す　　た　もの　　　　　はな
저의 좋아하는 음식에 대해서 얘기하고 싶어요.

(4) 自分の故郷について話したいです。
じぶん　こきょう　　　　　はな
제 고향에 대해서 얘기하고 싶어요.

(5) 好きな動物、嫌いな動物について話したいです。
す　どうぶつ　きら　どうぶつ　　　　　はな
좋아하는 동물, 싫어하는 동물에 대해서 얘기하고 싶어요.

(6) 一番好きな季節と理由について話したいです。
いちばん す　　きせつ　りゆう　　　　　はな
가장 좋아하는 계절과 이유에 대해서 얘기하고 싶어요.

(7) 一番好きなアーティストとその理由について話したいです。
いちばん す　　あーてぃすと　　　　りゆう　　　　はな
가장 좋아하는 아티스트와 그 이유에 대해서 얘기하고 싶어요.

(8) 勉強をやめたいと思った時について話したいです。
べんきょう　　　　　　おも　　とき　　　　　はな
공부를 그만두고 싶다고 생각한 때에 대해서 얘기하고 싶어요.

(9) 日本語が上手に話せるようになったら何がしたいかについて話したいです。
にほんご　じょうず　はな　　　　　　　　　　なに
　　　　　　　　　　　　　　　　　　　　　　はな
일본어를 능숙하게 말할 수 있게 되면 무엇을 하고 싶은지에 대해서 얘기하고 싶어요.

심화 주제 예시

(1) 外国の映画を見る時に字幕と吹き替えのどちらが好きですか？

외국 영화를 볼 때 자막과 더빙 어느 쪽을 좋아하나요?

(2) 韓国人が日本語を学ぶのは日本人が韓国語を学ぶより簡単ですか？

한국인이 일본어를 배우는 것은 일본인이 한국어를 배우는 것보다 간단한가요?

(3) スポーツ選手にとって才能と努力、どちらが大切ですか？

스포츠 선수에게 있어서 재능과 노력, 무엇이 중요한가요?

(4) なぜ韓国人は辛いものが好きですか？普段食べているから？それとも遺伝子の違いですか？

어째서 한국인은 매운 음식을 좋아할까요? 평소에 먹어와서? 아니면 유전자의 차이일까요?

(5) 小さい子供がいる家で犬は飼えますか？一緒に育てても大丈夫ですか？

어린 아이가 있는 집에서 개를 키울 수 있을까요? 같이 키워도 괜찮을까요?

(6) 腹が立った時、その場できちんと言い返した方がいいですか？我慢した方がいいですか？

화가 났을 때, 바로 그 자리에서 반박하는 게 좋을까요? 참는 게 좋을까요?

(7) 好きなことより得意なことを仕事にした方がいいと言いますがどう思いますか？

좋아하는 것보다 잘하는 것을 직업으로 선택하라고 하는데 어떻게 생각하나요?

(8) 人間に飼われているペットは可哀想だと思いますか?
　　にんげん　か　　　　　　　　　　　　　かわいそう　　おも
　　인간에게 키워지는 애완동물은 불쌍하다고 생각하나요?

(9) 音楽を聴きながらの勉強は集中できますか? メリットは
　　おんがく　き　　　　　　べんきょう しゅうちゅう
　　あると思いますか?
　　　　　おも
　　음악을 들으면서 공부에 집중할 수 있나요? 메리트는 있다고 생각하나요?

(10) 勉強する時間帯は朝と夜どちらが効率がいいと思いま
　　 べんきょう　じかんたい あさ よる　　　　こうりつ　　　　　おも
　　 すか?
　　 공부하는 시간대는 아침과 밤 어느 쪽이 효율이 좋다고 생각하나요?

롤플레잉 연습

자신의 상황에서 확장하여도 좋고, 아예 다른 사람이 되어서 대화를 나누어도 유익합니다. 본인의 상황에서 벗어나 특정한 역할로 대화하는 것도 색다른 재미를 줄 수 있습니다.

■ 자신의 상황에서 확장하기

본인의 이야기에는 몰입하기 쉽다 보니 대화하기가 수월합니다. 챗GPT를 가족이나 친구 등 친밀한 사람으로 설정하여 본인이 말할 수 있는 모든 것을 뱉어보세요. 예를 들어 회사를 그만두고 싶어하는 나의 이야기를 친구가 들어주는 상황을 설정하여 대화를 나눠보겠습니다. 챗GPT에게 친구 역할을 맡겨봅시다.

> ロールプレイをお願いしたい。私は会社を辞めたいと思っている人で、あなたはその相談に乗ってくれる友達だよ。N3レベルでやろう。
> (번역 : 롤플레잉을 부탁하고 싶어. 나는 회사를 그만두고 싶다고 생각하는 사람이고, 너는 그 상담을 해주고 있는 친구야. N3레벨로 하자.)

わかった。じゃあ始めようか。「最近どうしたの?」
(번역 : 알겠어. 자, 시작하자. 「요즘 어때?」)

> いつもそうなんだけど、会社に行きたくないんだ。
> (번역 : 늘 그렇지만 회사에 가고 싶지 않아.)

そっか、会社で何かあったの?
(번역 : 그렇구나. 회사에서 무슨 일 있었어?)

> よくわからないんだけど、会社へ行くとすぐ元気がなくなるのよ。
> (번역 : 왜 그런지 잘 모르겠는데 회사에 가면 금방 에너지가 없어져.)

そっか。じゃあ、転職とか考えたりする?
(번역 : 그랬구나. 그럼 이직은 생각하고 있어?)

> 会社に通いながら転職活動するのって、やっぱり難しいでしょ?
> (번역 : 회사 다니면서 이직 활동하는 거 역시 어렵지 않아?)

■ **특별한 상황 설정하기**

평소보다 조금 특별한 상황을 설정하고 대화를 나누는 것은 다소 어렵기는 합니다. 하지만 그만큼 다양한 어휘를 사용할 수 있기 때문에 학습에 도움이 됩니다. 챗GPT에게 명동을 방문한, 현재 곤란한 상황에 처한 일본 여행객의 역할을 맡겨보겠습니다.

> ロールプレイをお願いしたい。あなたは明洞を訪れた日本人観光客で、私は通りすがりの韓国人。あなたは少し困っている設定で、始めよう。
> (번역 : 롤플레이를 하고 싶어. 너는 명동을 방문한 일본인 관광객. 나는 지나가는 한국인. 너는 지금 곤란해하고 있는 설정으로, 시작하자.)

すみません、道に迷ってしまって…助けていただけませんか?
(번역 : 실례합니다. 길을 잃어서… 도와주실 수 있을까요?)

> いいですよ。どこに行きたいんですか?
> (번역 : 네, 어디에 가고 싶으세요?)

明洞駅に行きたいんですが、道が分からなくて…。
(번역 : 명동역에 가고 싶은데 길을 모르겠어서….)

> 明洞駅でしたら、あの道をまっすぐ行って、右に曲がるとすぐですよ。
> (번역 : 명동역이라면 저 길을 똑바로 가서 오른쪽으로 꺾으면 금방이에요.)

ありがとうございます！助かりました。
勇気を出して聞いてよかったです！
(번역 : 감사합니다! 용기를 내서 여쭤보길 잘했네요.)

韓国に来るのは初めてですか？
(번역 : 한국에 온 건 처음이세요?)

はい、初めてです。ずっと明洞に来てみたかったんです！
(번역: 네, 처음이에요. 계속 명동에 와보고 싶었어요!)

■ **추천 상황 리스트**

이외에도 본인이 원하는 상황을 챗GPT에게 요청하여 연습하면 좋습니다. 대화를 마친 후에 대화 기록을 텍스트로 바로 확인할 수 있으니, 일단은 뭐든 뱉어보세요. 자신 없던 표현은 텍스트로 챗GPT에게 피드백을 요청하여 개선할 수 있습니다. 동일한 대화창 안에서 "이 표현 맞았어?" "어땠어?" 등 곧장 질문을 던져서 궁금증을 해결할 수 있으니 편리합니다.

그럼 아래와 같이 대화를 시작해봅시다.

질문 형식

ロールプレイをおねがいしたいです。　상황 예시　.
(롤플레잉을 부탁하고 싶어.　상황 예시　.)

회화 연습

롤플레잉 상황 예시

(1) 레스토랑 예약하기

レストランの予約をする会話を練習したい！店員役をお願い！

레스토랑에서 예약을 하는 회화를 연습하고 싶어! 점원 역할을 부탁해!

(2) 카페에서 주문하기

カフェで注文する場面から始めよう！

카페에서 주문하는 장면에서부터 시작하자!

(3) 슈퍼에서 장보기

スーパーでの買い物を練習したいんだけど、店員役をやってくれる？

슈퍼에서 장보는 상황을 연습하고 싶은데, 점원 역할을 해줄래?

(4) 미용실에서 머리 자르기

美容院で髪を切る時の会話を練習したい！美容師役をお願い！

미용실에서 커트하는 상황을 연습하고 싶어! 미용사 역할을 부탁해!

(5) 병원 진료받기

お医者さんに症状を説明する練習をしたい！

의사에게 증상을 설명하는 장면을 연습하고 싶어!

(6) 친구와 약속 잡기

友達と予定を決める会話を練習したい！友達役をお願い！

친구랑 일정을 정하는 상황을 연습하고 싶어! 친구 역할을 부탁해!

(7) 친구 초대하기

友達を家に招待するシチュエーションで話したい！友達役を
とも だち いえ しょう たい　　　　　　　　　　　　　　はな　　　とも だち やく
お願い！
ねが

친구를 집에 초대하는 상황의 회화를 연습하고 싶어! 친구 역할을 부탁해!

(8) 아르바이트 면접

アルバイトの面接を練習したい！面接官の役をお願い！
　　　　　めんせつれんしゅう　　　めんせつかん やく　　ねが

아르바이트 면접 상황을 연습하고 싶어! 면접관 역할을 부탁해!

(9) 가게에 클레임 넣기

お店にクレームを言う練習をしたい！店員役をやってくれる？
みせ　　　　　　　　い れんしゅう　　　　てんいんやく

가게에 클레임을 넣는 상황을 연습하고 싶어! 점원 역할을 해줄래?

(10) 지하철에서 양보하기

電車で席を譲る時の会話を練習したい！相手役をやってくれる？
でんしゃ せき ゆず とき かいわ れんしゅう　　　あいてやく

지하철에서 자리를 양보할 때의 상황을 연습하고 싶어! 상대 역할을 해줄래?

✦ 비즈니스 경어 대화 연습 ✦

이번에는 챗GPT의 음성 기능을 활용한 경어 회화 연습 방법을 다뤄보겠습니다. 먼저, 일본어의 경어는 크게 세 가지 맥락에서 볼 수 있습니다. 상대방을 높이는 '존경어'와 자신을 낮추는 '겸양어' 그리고 문장을 정중하게 만드는 '정중어'입니다.

정중어는 반말을 높임말로 바꾸는 종조사 'です'나 'ます'이기

때문에 자연스럽게 학습하게 되지만, 존경어와 겸양어는 별도의 학습을 통해서 익혀야 하기에 많은 학생들이 어렵게 느끼고는 합니다. 게다가 이따금 원형과 완전히 다른 형태의 경어가 존재하는 동사도 있어 주의가 필요합니다. 이를테면 아래와 같은 예시들이 있습니다.

일반형	존경어	겸양어
言う(말하다) い	おっしゃる	申し上げる もう あ
する(하다)	なさる	いたす
見る(보다) み	ご覧になる らん	拝見する はいけん
食べる(먹다) た	召し上がる め あ	いただく
会う(만나다) あ	お会いになる あ	お目にかかる め

어느 쪽이 되었든 경어는 기본적인 일본어를 어느 정도 습득한 다음에야 가능한 영역이기 때문에 무리할 필요는 없습니다. 상대방을 배려하는 마음만 있다면 'です'나 'ます' 정도여도 충분합니다.

    하지만 기왕 도전하려고 한다면, 철저하게 챗GPT와 회화를 연습하도록 합시다. 자칫 잘못 사용하면 자신을 높이고 상대방을 낮춰버리는 불상사가 생길 수도 있으니까요.

> 私が言ったことを、あなたが敬語で正しく直してくれる?
> (번역 : 내가 말한 것을, 네가 경어로 올바르게 고쳐줄래?)

はい、もちろんです。敬語で正しく直させていただきます。どうぞ、お話しください。
(번역 : 네, 물론이죠. 경어로 올바르게 고칠게요. 자, 말해주세요.)

> 今日は会社に来てくれてありがとう。
> (번역 : 오늘은 회사에 와줘서 고마워.)

「今日は会社に来てくれてありがとう」を敬語に直すと、「今日は会社にお越しいただき、ありがとうございます」になります。
(번역 : '오늘은 회사에 와줘서 고마워'를 경어로 고치면, '오늘은 회사에 방문해주셔서 감사합니다.' 가 됩니다.)

> 良いお店を紹介するよ。美味しいよ。
> (번역 : 좋은 가게 소개할게. 맛있어.)

「いいお店紹介するよ。おいしいよ。」を敬語に直すと、「とても良いお店をご紹介しますよ。おいしいですよ。」になります。
(번역 : '좋은 가게 소개할게. 맛있어.'를 경어로 고치면 '좋은 가게 소개해드릴게요. 맛있어요.' 가 됩니다.)

비즈니스 상황을 구체적으로 설정하여 회화 연습을 해봅시다. 반복해서 연습하면 실제 상황에서 크게 도움이 되기에 추천합니다.

> 🔴 ロールプレイをお願いしたい。私は旅行会社の担当者で、あなたは鉄道会社の担当者。あなたがうちの会社に売り込みに来ている状況。
> (번역 : 롤플레잉을 부탁하고 싶어. 나는 여행사 담당자고, 너는 철도회사 담당자. 네가 우리 회사에 영업하러 와 있는 상황.)

🟢 了解しました。それでは始めましょう。
「こんにちは、鉄道会社の者です。今日は弊社のサービスについてご紹介させていただきます。よろしくお願いします。」
(번역 : 알겠습니다. 그럼 시작하죠.
「안녕하세요? 철도 회사의 담당자입니다. 오늘은 저희 회사의 서비스에 대해서 소개하려고 합니다. 잘 부탁드리겠습니다.」)

> 🔴 よろしくお願いいたします。
> (번역 : 잘 부탁드리겠습니다.)

ありがとうございます。ではまず、弊社の鉄道ネットワークの利便性についてお話しします。例えば、観光客の皆様に最適なルートを提供できる点が強みです。
(번역 : 감사합니다. 그럼 먼저 저희의 철도 네트워크의 편리성에 대해서 말씀드릴게요. 예로 관광객 분들에게 최적의 루트를 제공할 수 있다는 강점이 있습니다.)

> 🔴 事前に検討させていただきましたが、大変素晴らしい商品でした。ただ、弊社はいわゆるOTAのため、オフラインの代理店を持っておりません。
> (번역 : 사전에 검토해보았는데 무척 훌륭한 상품이었어요. 다만 저희는 흔히들 말하는 온라인 여행사라서 오프라인 대리점을 가지고 있지 않습니다.)

앞서 롤플레잉을 요청했던 것과 동일한 방식으로, 아래 상황을 설정해 대화하면 됩니다.

비즈니스 상황 예시

(1) 전화 응대와 메모 남기기

私は受付役で、あなたは取引先の人として電話をかけてほしい。
わたし　けつけやく　　　　　　とりひきさき ひと　　　　でんわ

나는 회사의 접수 담당자 역을 할 테니까, 거래처 담당자로서 전화를 걸어줘.

(2) 메일 발송에 대한 연락하기

私は送信したメールについて確認の電話をかける担当者で、
わたし そうしん　　　　　　　　　　かくにん　でんわ　　　　たんとうしゃ
あなたは取引先の担当者として対応してほしい。
　　　　とりひきさきたんとうしゃ　　　たいおう

나는 발송 메일에 대해서 확인 차 전화를 건 담당자이고, 너는 거래처 담당자로서 대응해줘.

(3) 방문 약속 잡기

私は取引先への訪問アポイントを取る営業担当で、あなたは
わたし とりひきさき　　ほうもん　　　　　と えいぎょうたんとう
取引先の担当者として対応してほしい。
とりひきさきたんとうしゃ　　　たいおう

나는 거래처에 방문 약속을 잡는 영업 담당자이고, 너는 거래처의 담당자로서 대응해줘.

(4) 방문 스케줄 변경 연락하기

私は訪問スケジュールを変更したい営業担当で、あなたは
わたし ほうもん　　　　　　　　へんこう　　えいぎょうたんとう
取引先の担当者として対応してほしい。
とりひきさきたんとうしゃ　　　たいおう

나는 방문 스케줄을 변경하고 싶은 영업 담당자이고, 너는 거래처의 담당자로서 대응해줘.

(5) 회사 소개하기

私は取引先の担当者で、あなたは自社の紹介をする営業担当者で。
わたし とりひきさき たんとうしゃ　　　　　　じしゃ　しょうかい　　えいぎょう
たんとうしゃ

나는 거래처의 담당자고, 너는 회사의 소개를 하러 온 영업 담당자야.

Tip - 비즈니스 활용법

■ **메일 작성 도우미**

사회초년생이던 시절부터 얼마 전까지만 해도 저는 일본 거래처에 메일을 보낼 때 종종 '야후 재팬'을 참고하고는 했습니다. 비즈니스 용어들, 특히 메일에 활용되는 표현에는 정해진 틀이 있기 때문이었지요.

하지만 이제 챗GPT만 있어도 충분합니다. 몇 개의 키워드만으로도 훌륭한 초안을 작성할 수 있으니까요. 내용의 난이도에 따라서 챗GPT가 내놓은 답변의 완성도가 다를 수 있으나, 최대한 완벽한 초안을 얻을 때까지 몇 번이고 반복해 요청하면 제법 그럴듯한 결과물이 나와 유용합니다.

 쿠폰의 유효기간이 언제까지인지 확인해달라는 일본어 메일을 써줘.

 件名: クーポンの有効期限のご確認
株式会社○○
○○様

いつもお世話になっております。
〇〇(あなたの名前・会社名)でございます。
現在のクーポンの有効期限について、念のため確認させていただければと思い、ご連絡いたしました。
お手数をおかけしますが、ご確認のうえ、ご教示いただけますと幸いです。
お忙しいところ恐れ入りますが、何卒よろしくお願い申し上げます。
〇〇(あなたの名前)
〇〇(あなたの会社名)

제목: 쿠폰 유효기간 확인
〇〇 주식회사
〇〇님
안녕하세요. 항상 신세를 지고 있습니다.
〇〇(당신의 이름 또는 회사명)입니다.
현재 쿠폰의 유효기간에 대해, 혹시 모를 상황에 대비해 확인하고자 연락드렸습니다.
번거로우시겠지만 확인 후 알려주시면 감사하겠습니다.
바쁘신 와중에 죄송합니다만, 잘 부탁드리겠습니다.
〇〇(당신의 이름)
〇〇(당신의 회사명)

> 만일 유효기간이 곧 끝난다면 언제쯤 갱신된 쿠폰을 받을 수 있는지 확인해달라는 내용 추가해줘.

件名: クーポン有効期限のご確認
株式会社〇〇
〇〇様
いつもお世話になっております。
〇〇(あなたの名前・会社名)でございます。
現在のクーポンの有効期限について、念のため確認させていただければと思い、ご連絡いたしました。
また、もし有効期限が間もなく終了する場合、次回の更新クーポンをいつ頃いただけるかについても、ご教示いただけますと幸いです。
お手数をおかけしますが、ご確認のほど何卒よろしくお願い申し上げます。
〇〇(あなたの名前)
〇〇(あなたの会社名)

제목: 쿠폰 유효기간 확인
〇〇 주식회사
〇〇님
안녕하세요. 항상 신세를 지고 있습니다.
〇〇(당신의 이름 또는 회사명)입니다.
현재 쿠폰의 유효기간에 대해, 혹시 모를 상황에 대비해 확인하고자 연락드렸습니다.
만약 유효기간이 곧 종료될 예정이라면, 다음 갱신된 쿠폰을 언제쯤 받을 수 있을지 함께 알려주시면 감사하겠습니다.
번거로우시겠지만 확인 부탁드리며, 잘 부탁드리겠습니다.
〇〇(당신의 이름)
〇〇(당신의 회사명)

■ **학습 내용 요청**

메일 초안을 통째로 요청할 수도 있으나, 자주 활용되는 표현을 따로 학습하고 싶다면 이 역시 챗GPT에게 요청해보세요. 구체적인 상황을 미리 설정해도 좋습니다.

> 비즈니스 일본어 메일에 활용되는 표현 좀 정리해줘.

 비즈니스 일본어에서 자주 활용되는 표현들을 인사·서두 / 문의·요청 / 감사·사과 / 마무리 표현으로 정리해볼게!

인사·서두 표현
✓ いつもお世話になっております。
➡ 항상 신세를 지고 있습니다. (가장 일반적인 비즈니스 인사)
✓ 平素よりお世話になっております。
➡ 평소 신세를 지고 있습니다. (더 정중한 표현)
✓ ○○(会社名)の○○と申します。
➡ ○○(회사명)의 ○○라고 합니다.
✓ 突然のご連絡失礼いたします。
➡ 갑작스럽게 연락드려 죄송합니다.
✓ お忙しいところ恐れ入りますが、~
➡ 바쁘신 와중에 죄송합니다만, ~

문의·요청 표현
✓ ~についてお伺いしたく、ご連絡いたしました。
➡ ~에 대해 여쭙고자 연락드렸습니다.

✓ ~について、ご確認のほどお願いいたします。
➡ ~에 대해 확인 부탁드립니다.
✓ ~の件につきまして、進捗状況をお伺いできますでしょうか。
➡ ~ 건에 대해 진행 상황을 여쭤봐도 될까요?   - 생략 -

■ 문서 내용 번역 및 요약

일본어 관련 업무를 하다 보면 비즈니스 레벨의 문서를 종종 접합니다. 이때 필요한 부분만 복사해 그대로 챗GPT에게 번역 및 요약을 요청하거나, 아예 문서 파일 자체를 넣고 작업을 요청할 수도 있습니다. 일본어 계약서 파일을 올린 후 번역 및 요약을 요청해보겠습니다.

 이 파일 좀 번역해서 요약해줘
旅行者の誘客に関する契約書...문서

 문서는 일본의 특정 백화점들이 외국인 관광객 유치를 목적으로 체결한 계약서입니다. 주요 내용을 요약하면 다음과 같습니다.

계약 목적
- 일본을 방문하는 외국인 관광객을 대상으로 특정 백화점을 홍보하고 방문을 유도하는 업무를 위탁.

업무 내용
1. 홍보 및 유치 방법:

- 관광객에게 매장을 홍보하는 팸플릿과 전단지 배포.
- 전용 게스트 카드 배포.
  - 해당 카드를 사용하면 매장에서 5% 할인(소비세 제외)을 받을 수 있음.
  - 카드 사용 방법, 할인율, 제외 품목 등을 관광객에게 설명.
  - 면세 처리 시 카드 제시를 안내.
2. 관광객 유치:
  - 매장을 관광객에게 추천 명소로 소개하고, 게스트 카드 사용을 촉진.

계약 기간
- 2024년 9월 1일부터 2025년 8월 31일까지.

수수료
- 면세 처리가 완료된 판매 금액을 기준으로 소개 수수료를 산정.

필요한 세부 사항이나 추가 요약이 있다면 말씀해주세요!

에필로그

꾸준함만이 열어주는 새로운 기회의 땅, 챗GPT로 빠르게 도착해요

외국어 공부가 항상 재밌을 리는 없습니다. 처음에는 쉬워 보이다가도 언젠가 반드시 '고통의 구간'에 도달하게 됩니다. 개인의 암기력이나 언어 센스의 유무와 상관없이, 최소한의 바닥을 조성하는 단계에서는 시련이 반복되기 마련이라서 많은 이가 도중에 그만두고는 하지요.

먹고 살기 위해서, 살아남기 위해서 반드시 일본어가 필요한 사람이 아니라면 이 구간을 뚫고 앞으로 나아가는 것이 쉽지 않을 것입니다. 그러나 그 과정까지도 즐길 수 있는 사람이 있습니다. 진심으로 일본어를 사랑하는 사람이겠죠. 저도 그러했어요. 아무도 제게 일본어 공부를 시키지 않았지만, 어째서인지 그때의 저는 일본어를 공부하는 것이 참 좋았습니다. 반짝거리는 유년 시절을 반납하며 참으로 열심히 스스로를 갈고닦았어요.

세월이 벌써 20여 년 흐른 탓인지 그 시절의 저를 잊고 지냈습니다. 얼마나 힘들게 지금의 실력을 얻었는지도 어느새 잊은 후였어요. 좀처럼 풀리지 않는 문제로 몇 날 며칠을 씨름하고 혼자 거울을 보며 회화 연습을 하던 그때의 저는 눈물겹도록 간절했는데 말이죠.

그러다 이 책의 제안을 받고, 원고를 작성하기 위해 몇 개월간 챗

GPT와 씨름을 하다 문득 떠올렸습니다. 과거의 제가 애타게 원했던 선생님이 바로 이 안에, 모니터 너머에 있다는 사실을요. 만일 그때 제 곁에 챗GPT가 있었다면 나의 시간을, 젊음을, 삶을 조금은 덜 바쳐도 되지 않았을까 생각도 해보았습니다.

챗GPT의 가장 좋은 점은 '뭐라도 해보려는 사람'에게는 그가 내민 손을 맞잡아준다는 것입니다. 퉁명스럽거나 서툰 질문이라 할지라도, 무언가를 물어보는 사람에게는 반드시 대답을 해주니까요. 반대로 챗GPT는 '멍하니 앉아 있는 사람'에게는 결코 손을 내밀지 않습니다. 결국 챗GPT 속 무궁무진하게 담긴 보물들은 오직 땅을 파고 돌을 깨는 이들의 몫입니다. 괴로울 것 같은가요? 아니요. 오히려 재밌기까지 할 거예요. 제가 장담합니다.

그러니 부디 '독학의 길'이 외롭다고 포기하지는 마세요. 여러분들은 외국어를 배우기 최고로 좋은 시대를 살고 있습니다. 저도 이제 이 책이 끝났으니 챗GPT와 함께 영어 공부를 하려고 합니다. 그 다음에는 포르투갈어도 배울 거예요. 우리 모두 파이팅입니다.

재밌는 기획으로 먼저 제안을 주신 e비즈북스 관계자 여러분들께 감사드립니다. 너무도 즐거운 경험이었어요. 나의 원동력, 유튜브 구독자분들께도 이 자리를 빌려서 감사 인사드립니다. 제 부족한 영상에 남겨주시는 따스한 댓글들 덕분에 지금껏 운영할 수 있었어요. 우리 오래오래 함께해요! 저의 본업에서 늘 도움을 받는 우리 투티 식구들도 늘 존경합니다. 다들 오늘 하루 무탈했기를. 마지막으로 우리 가족 모두 사랑하고 건강합시다.

은지 드림

부록

챗GPT가 떠먹여주는
일본 여행

여행 전
활용법

일본어 학습의 권태기에서 벗어날 수 있는 가장 좋은 특효약은 바로 '여행'입니다. 실력 점검은 물론 동기부여도 될 수 있기에 적극 권장합니다. 이때도 챗GPT를 활용하면 더욱 수월합니다.

여행 계획 짜기

막연하게 '일본에 가고 싶다'는 마음은 있지만 정확하게 어디를 가야 할지 모르겠다면 챗GPT의 도움을 받아보아도 좋습니다.

> 👤 일본에 가고 싶은데 어디가 좋을까? 나는 너무 시끄럽지 않은 곳이 좋아. 그런데 또 너무 시골은 싫어. 자연이 예쁘면서도 너무 춥거나 덥지 않은 곳이 좋아.

> 🌀 너의 기준에 맞는 곳이라면, 일본에서 자연이 예쁘면서도 너무 시골이 아니고, 기후도 적당한 곳을 골라야겠네. 몇 가지 추천해볼게!
>
> **1. 가루이자와 (軽井沢, Nagano)**
> - 특징: 도쿄에서 신칸센으로 1시간 정도면 갈 수 있는 고원 리조트 지역.

- 자연: 숲이 우거진 하이킹 코스, 온천, 폭포(시라이토 폭포).
- 기후: 여름에도 선선하고, 겨울에는 적당한 눈이 내리는 정도.
- 도시 vs 시골: 너무 시골은 아니고, 세련된 카페와 쇼핑 시설도 있음.
- 추천 이유: 조용하면서도 고급스러운 분위기, 도쿄에서 접근성 좋음.

2. 가마쿠라 (鎌倉, Kanagawa)
- 특징: 도쿄에서 1시간 거리, 바다와 산이 함께 있는 고즈넉한 도시.
- 자연: 해변, 대나무 숲(호코쿠지), 하이킹 코스 많음.
- 기후: 겨울에도 비교적 따뜻하고, 여름엔 해변이 있어서 시원한 느낌.
- 도시 vs 시골: 전통적인 분위기지만 적당히 번화함. 맛집, 카페 많음.
- 추천 이유: 일본다운 분위기를 즐기면서도 도시와 자연을 함께 누릴 수 있음.

3. 고베 (神戸, Hyogo)
- 특징: 오사카에서 30분 거리, 바다와 산이 함께 있는 세련된 도시.
- 자연: 롯코산 하이킹, 아리마 온천, 메리켄파크 해안가.   - 생략 -

해외여행에서 어려운 점 중 하나는 교통일 텐데요. 이 역시 챗GPT에게 물어봅시다.

 고베를 여행하려면 교통은 어떻게 해야 해? 많이 걸어야 하는 거 아니야? 공항은 어디로?

 고베 여행을 하려면 교통편을 잘 알아두면 편하게 다닐 수 있어! 고베는 교통이 잘 정비되어 있어서 많이 걸을 필요 없이 대중교통으로 대부분 이동 가능해.

고베까지 가는 방법 (공항 정보)

고베에는 자체 공항이 있지만, 대부분 오사카를 통해 입국하는 경우가 많아.

1. 간사이 국제공항 (KIX) → 고베

- 베스트 선택: 베이 셔틀 (고속선 배) 이용
  - 간사이공항에서 배를 타고 고베 공항까지 30분이면 도착!
  - 요금: 성인 2,000엔 / 어린이 1,000엔
  - 배에서 고베 시내까지는 포트라이너(모노레일)로 10~15분
- 대체 옵션:
  - 난카이 전철 + 한신 전철 (약 1시간, 1,500엔 정도)
  - 리무진 버스 (약 1시간 20분, 2,000엔)   - 생략 -

고베 시내 교통 (많이 걸어야 하나?)

고베는 도보 이동이 많지 않아도 되는 도시야! 지하철, 전철, 버스가 잘 되어 있어서 효율적으로 다닐 수 있어.

1. 전철 & 지하철 (대부분의 관광지는 역 가까이에 있음)

- JR고베선: 산노미야역, 모토마치역, 고베역 등 주요 지역 이동
- 한큐 전철 & 한신 전철: 오사카에서 고베로 올 때 편리
- 고베 시영 지하철: 산노미야, 신코베, 고베대학 방면 이동

2. 버스 (고베 루프 버스 추천!)

- 시티 루프 버스 (City Loop Bus)
  - 관광지를 한 바퀴 도는 순환 버스
  - 주요 정류장: 산노미야, 모토마치, 메리켄파크, 기타노 이진칸 등
  - 1일권: 700엔
- 일반 노선버스도 있지만, 관광객이라면 시티 루프 버스가 더 편리해!

> 3. 로프웨이 (케이블카) - 롯코산 & 마야산 이동
> - 롯코산 케이블카: 산 정상까지 이동 가능 (약 10분)
> - 마야 뷰 라인: 고베 야경 명소 이동 (야경이 최고!)

- 생략 -

어디를 가면 좋을지, 무얼 먹으면 좋을지 등 여행 계획 자체를 챗GPT에게 물어볼 수도 있습니다. 원하는 여행 콘셉트와 출발지 정도를 알려주고 계획을 요청하면 됩니다.

> 고베를 1박 2일로 알차게 보내는 코스 만들어줘. 여자들끼리 가는 여행이고, 맛있는 거 먹고 예쁜 풍경을 보고 싶어. 간사이 공항에서 넘어갈 거야.

여자들끼리 떠나는 고베 1박 2일 알찬 코스 (오사카 출발)

고베는 세련된 분위기와 맛있는 음식, 아름다운 풍경을 동시에 즐길 수 있는 곳이야! 1박 2일 동안 핵심만 콕 집어서 가볼 만한 코스를 짜봤어.

1일차: 오사카 → 고베 | 맛있는 음식 & 예쁜 풍경

오전: 오사카 출발 → 고베 도착
- 오사카 우메다 or 난바 출발 → 한큐/한신 전철 이용
  - 한큐 전철: 오사카 우메다 → 고베 산노미야 (약 30분)
  - 한신 전철: 오사카 난바 → 고베 산노미야 (약 40분)

10:00 브런치 | 'Isuzu Bakery (イスズベーカリー)'
- 고베에서 유명한 로컬 베이커리! 크루아상, 고베규 카레빵, 명물 소금

빵 추천.
- 산노미야역 근처 (산노미야 본점)

11:00 기타노이진칸 거리 산책
- 서양식 고풍스러운 건물이 모여 있는 거리, 유럽풍 카페 & 포토존 많음.
- 추천 포인트: 풍향계의 집(風見鶏の館), 모에기노야카타(萌黄の館)
- 산노미야역에서 도보 10~15분

13:00 점심 | 고베규 런치 'Mouriya (モーリヤ)'
- 고베에 왔으면 고베규는 필수!
- 가성비 좋은 런치 세트 추천 (~5,000엔 정도)
- 산노미야 근처

15:00 롯코산 전망 & 자연 감상
- 롯코 케이블카 타고 정상까지 이동 (약 10~15분)
- 롯코산 정상에서 롯코 가든테라스에서 경치 감상
- 카페 타임: Granite Café 추천 (고베 시내, 바다까지 보이는 전망)

17:30 하버랜드 & 모자이크 산책
- 고베 포트타워, 관람차, 바다 전망의 낭만적인 분위기
- 해 질 무렵이라 분위기 최고!

19:00 디너 | 'La Shomon (ラ・ショウモン)'**
- 현지인들도 추천하는 분위기 좋은 와규 철판구이집
- 하버랜드 근처

21:00 숙소 체크인 & 휴식
- 추천 숙소: - 생략 -

여행 일본어 연습하기

여행 계획을 짜고 비행기 티켓과 숙소 예약도 마쳤다면 이제 현지에서 사용할 여행 일본어를 연습해야 할 차례입니다. 챗GPT에게 필요한 정보를 묻고 그 결과물을 프린트해가면 든든할 것입니다.

 여행에 필요한 기본 일본어 회화 좀 알려줘.

 여행 갈 때 유용한 일본어 회화를 상황별로 정리해줄게! 발음도 함께 적어둘 테니까 참고하면 좋아.

공항 & 입국 심사

기본 표현
- 観光で来ました (칸코-데 키마시타) → 관광하러 왔습니다.
- ここに○日間滞在します (코코니 ○니치칸 타이자이 시마스)
  → 여기 ○일 동안 체류합니다.

질문 예시
- 日本に来た目的は? (니혼니 키타 모쿠테키와?)
  → 일본에 온 목적이 무엇인가요?
- どこに泊まりますか? (도코니 토마리마스카?)
  → 어디에 숙박하나요?

- 생략 -

교통 (전철, 버스, 택시)
전철표 사기
- ○○駅までいくらですか? (○○에키마데 이쿠라데스카?)
  → ○○역까지 얼마인가요?
- ○○駅へ行く電車はどれですか? (○○에키에 이쿠 덴샤와 도레

데스카?)
→ ○○역으로 가는 전철은 어느 건가요?
- 切符を1枚ください。(킷푸오 이치마이 쿠다사이)
→ 표 한 장 주세요.

택시
- ○○までお願いします。(○○마데 오네가이시마스)
→ ○○까지 부탁드립니다.
- ここで降ります。(코코데 오리마스)
→ 여기서 내릴게요. - 생략 -

호텔 체크인 & 체크아웃
- 予約しています、○○です。(요야쿠 시테이마스, ○○데스)
→ 예약했습니다. ○○입니다.
- 朝食は何時からですか? (초-쇼쿠와 난지카라 데스카?)
→ 조식은 몇 시부터인가요? - 생략 -

상황 시뮬레이션하기

앞서 롤플레잉을 여러 차례 연습한 것처럼, 여행에서 겪을 만한 상황을 챗GPT와 시뮬레이션으로 연습해봅시다. 일본어 발음이 혀에 붙을 때까지 반복하다 보면 현지에서 더욱 능숙하게 대응할 수 있습니다.

많은 분들이 일본 여행하면 편의점 쇼핑을 떠올리곤 하죠? 일본의 편의점에서 물건을 사는 상황을 설정해, 점원과의 대화를 연습해보도록 합시다. 앞서 롤플레잉 때와 같이 챗GPT에게 역할을 부여하고 대화를 요청해봅시다.

> 日本のコンビニで買い物する会話を練習したい。店員役をお願い！
> (번역 : 일본의 편의점에서 물건을 사는 연습을 하고 싶어. 점원 역할을 해줘.)

もちろん、練習しましょう！どんなシチュエーションがいいですか？例えば、おにぎりや飲み物を買うとか、具体的な場面があれば教えてください。
(번역 : 물론이죠. 연습해요. 어떤 상황이 좋을까요? 예를 들어서 주먹밥이나 음료를 산다던지 구체적인 장면이 있음 가르쳐주세요.)

> あなたはレジにいて、私はそこに行く。
> (번역 : 너는 계산대에 있고 내가 갈게.)

了解です！それでは、私がレジの店員役をやりますね。始めましょう！
「いらっしゃいませ。お会計はこちらです。」
(번역 : 알겠어요! 그럼 제가 계산대의 점원 역할을 할게요.
「어서오세요! 계산은 여기서 도와드릴게요..」)

> あの、すみません。プリンはあちらにあるもので全部ですか？
> (번역 : 저기, 죄송한데 푸딩은 저기 있는 게 다죠?)

はい、そうです。あちらにあるのが全部になります。何かお探しのものはありますか？
(번역 : 네, 맞아요. 저기 있는 게 다예요. 찾는 게 있으세요?)

> コーヒープリンを探しているんですが…
> (번역 : 커피 푸딩을 찾고 있는데요...)

여행 전 활용법

롤플레잉 상황 예시

(1) 공항에서 체크인하기

空港でのチェックインを練習したい！航空会社のスタッフ役をやってくれる？

공항에서 체크인하는 상황을 연습하고 싶어! 항공사의 직원 역할을 해줄래?

(2) 렌터카를 빌리기

レンタカーを借りる時の会話を練習したい！店員役をお願い！

렌터카를 빌릴 때의 상황을 연습하고 싶어! 점원 역할을 부탁해!

(3) 호텔 체크인하기

ホテルのチェックインを練習したい！フロントの人になってくれる？

호텔에서 체크인하는 상황을 연습하고 싶어! 프론트 직원이 되어 줄래?

(4) 관광 가이드에게 설명듣기

観光ガイドさんと話す練習がしたい！名所の説明をしてくれる？

관광 가이드하고 이야기하는 상황을 연습하고 싶어! 관광지에 대한 설명을 해줄래?

(5) 길 묻기

知らない場所で道を聞く練習をしたい！通行人になって答えてくれる？

잘 모르는 장소에서 길을 묻는 연습을 하고 싶어! 지나가는 행인으로서 대답해줄래?

(6) 지하철역에서 역원에게 길을 묻기
地下鉄で目的地を聞くシチュエーションを練習したい！駅員さんの役をお願い。
지하철에서 목적지를 묻는 상황을 연습하고 싶어. 역원 역할을 부탁해.

(7) 상점에서 물건 구매하기
店員さんとの会話を練習したい！お店で買い物をする場面だよ。
점원과의 회화를 연습하고 싶어! 가게에서 쇼핑을 하는 장면이야.

(8) 길거리에서 사진 촬영 요청하기
通行人に写真を頼むシチュエーションで、通行人になってくれない？
행인에게 사진을 부탁하는 상황인데 행인이 되어줄래?

(9) 식당에서 음식 주문하기
レストランで料理を注文する場面を練習したい！お店の人になってくれる？
레스토랑에서 요리를 주문하는 장면을 연습하고 싶어! 가게 직원이 되어 줄래?

현지
활용법

일본에 도착한 후에도 챗GPT를 다양하게 활용할 수 있습니다. 나만의 여행 가이드와 함께라고 생각하고 무엇이든 질문해주세요. 특히 사진을 찍어 업로드하는 기능은 무척 유용합니다.

의미 파악 도우미

일본어 학습자는 여행 중 아름다운 풍경뿐만 아니라 길가의 표지판이나 아스팔트 도로 역시 유심히 바라봐야 합니다. 그곳에도 훌륭한 학습 소재들이 담겨 있거든요. 저 역시 일본 어학연수 시절, 처음으로 마주한 명령형 문구 'とまれ(멈춰)'가 지금도 기억에 남습니다. 이외에도 간판이나 안내판 등 시야에 들어오는 모든 것을 놓치지 마세요.

여기에 한자 뭐라고 써있는 거야?

 이미지에 적힌 한자는 「氷」입니다.

한자 분석 및 한국식 음훈:
- 氷 (얼음 빙)
  - 음: 빙
  - 훈: 얼음

이 한자는 일본의 여름 축제나 야타이(屋台, 포장마차)에서 흔히 볼 수 있는 **카키고오리(かき氷, 빙수)**를 파는 가게에서 많이 사용됩니다. 컵에도 크게 적혀 있어서 이곳이 빙수를 파는 곳이라는 걸 강조하고 있네요!

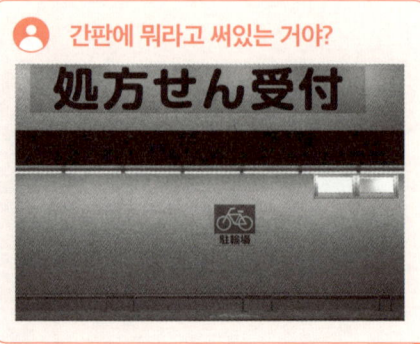

간판에 뭐라고 써있는 거야?

간판에는 「**処方せん受付**」라고 적혀 있습니다.

한자 분석 및 한국식 음훈:
1. 処 (곳 처)
   - 음: 처
   - 훈: 곳, 처리할
2. 方 (모 방)
   - 음: 방
   - 훈: 방법, 방향
3. せん (ひらがな, '처방전'의 일부 발음)
4. 受 (받을 수)
   - 음: 수
   - 훈: 받을
5. 付 (부칠 부)
   - 음: 부
   - 훈: 부칠, 붙을

의미:
「**処方せん受付**」는 "**처방전 접수**"를 의미합니다.
즉, 이곳은 병원에서 발급받은 처방전을 접수하고 약을 조제해주는 약국이라는 뜻입니다.

 여기 유리문에 뭐라 써있는 거야?

 유리문에 적힌 글씨는 **「3月の休み」**로, 가게의 3월 휴무일을 안내하는 내용이야.

내용:

「3月の休み」
→ 3월의 휴무
- 1日 (月) → 1일 (월요일)
- 8日 (月) 9日 (火) → 8일 (월요일), 9일 (화요일)
- 15日 (月) → 15일 (월요일)
- 22日 (月) 23日 (火) → 22일 (월요일), 23일 (화요일)
- 28日 (月) → 28일 (월요일)

이 가게는 주로 월요일과 가끔 화요일에 쉬는 것 같네!
그리고 간판에는 **「太陽」(태양)** 이라는 한자가 보이는데, 가게 이름일 수도 있을 것 같아. 혹시 너가 일본 여행하면서 가게 휴무 안내 같은 걸 더 자세히 알고 싶으면, 내가 도와줄 수 있어! 이런 정보 기억해둘까?

🟢 **가운데에 초록 칠판의 내용 좀 번역해줘**

초록색 칠판에는 가게의 메뉴와 오늘의 추천 요리가 적혀 있어. 내용을 번역해볼게!

오늘의 오츠쿠리(お造り, 회)
まぐろ (참치) - 580엔
中落ちトロ (참치 뱃살 부위) - 480엔
鶏の炙り (닭고기 초벌구이) - 480엔

일반 메뉴
赤身 (あかみ, 참치 속살 부위) - 480엔
鹿の子 (かのこ, 사슴고기 또는 특수한 고기 부위) - 780엔
えびす (エビス, 에비스 맥주일 가능성 있음) - 380엔   - 생략 -

추가 설명
이 가게는 술집 같은 느낌이 나고, 회나 일본식 안주류를 제공하는 곳 같아. 아침에는 **모닝 세트(조식 메뉴)**도 판매하네! 가볍게 먹을 수 있는 스피드 메뉴도 따로 있어서 빠르게 안주를 시킬 수 있는 구조야.
혹시 일본 술집(居酒屋, 이자카야) 가면 주문하는 방법이나 추천 메뉴 알고 싶어?

위급 상황 도우미

아무리 완벽하게 준비해도 어떤 상황이 발생할지 알 수 없는 것이 여행입니다. 예상하지 못한 상황이 생겼을 때도 챗GPT의 도움을 받아봅시다. 이를테면 충전기가 급히 필요한 상황일 때, 어떻게 해야 할까요?

 나 지금 호텔인데 휴대폰 충전기가 없어서 호텔 카운터에 충전기를 빌릴 수 있냐고 일본어로 물어보고 싶어.

 호텔 카운터에서 휴대폰 충전기를 빌릴 수 있는지 물어볼 때, 다음과 같이 말하면 자연스러워!

기본적인 표현
「すみません、携帯の充電器を貸してもらえますか?」
(스미마센, 케이타이노 쥬우덴키오 카시테 모라에마스카?)
→ 죄송한데, 휴대폰 충전기를 빌릴 수 있을까요?

좀 더 정중한 표현
「すみません、携帯の充電器をお借りすることはできますか?」
(스미마센, 케이타이노 쥬우덴키오 오카리 스루 코토와 데키마스카?)
→ 죄송한데, 휴대폰 충전기를 빌릴 수 있을까요?

충전기 종류를 구체적으로 말하고 싶다면
▶ 아이폰 충전기 빌리고 싶을 때:
「iPhoneの充電器はありますか?」
(아이폰노 쥬우덴키와 아리마스카?)
→ 아이폰 충전기 있나요?

▶ 안드로이드 (USB-C) 충전기 빌리고 싶을 때:
「Androidの充電器、またはUSB-Cの充電器はありますか?」
(안도로이도노 쥬우덴키, 마타와 유에스비 씨노 쥬우덴키와 아리마스카?)
→ 안드로이드 충전기 또는 USB-C 충전기 있나요?

만약 없다면… (대응 방법)
호텔 직원이 "없어요"라고 하면 보통 「申し訳ありませんが、ご用意がございません。」(모우시와케 아리마센가, 고요오이가 고자이마센) 같은 말을 할 거야.

그럴 때는,
「わかりました。ありがとうございます。」
(와카리마시타. 아리가토우 고자이마스.)
→ 알겠습니다. 감사합니다.
라고 하면 자연스러워!

혹시 근처 편의점에서 살 수 있는지 물어보고 싶으면:
「近くで買えるところはありますか?」
(치카쿠데 카에루 토코로와 아리마스카?)
→ 근처에서 살 수 있는 곳이 있나요?

이제 카운터 가서 말해 보면 돼! 필요하면 더 알려줄게

만약 이런 표현들을 단번에 다 외우기 어렵다면, 챗GPT에게 대신 말해 달라고 부탁합시다.

> 내가 부끄러워서 그런데 네가 대신 말을 좀 써줄래? 그것만 보여주게.
> 나는 한국에서 온 여행객인데 일본어를 잘 못해서 번역했어요. 충전기가 없어서 그런데 빌려주실 수 있나요? 아이폰이에요. 없으면 주변에 살 수 있는 곳을 알려주세요.

다음 문장을 호텔 직원에게 보여주면 돼!

호텔 직원에게 보여줄 문장:
「こんにちは。私は韓国から来た旅行者ですが、日本語があまり上手ではないので翻訳しました。
充電器がなくて困っていますが、貸していただけますか？iPhone用の充電器です。
もしなければ、近くで買えるお店を教えていただけると助かります。」

이걸 보여주면 직원이 바로 이해할 거야! 너무 긴장하지 말고 편하게 해도 돼. 필요하면 더 도와줄게!

다른 상황의 예시도 살펴봅시다. 만약 렌트한 차를 타고 다니다가 사고가 나면 정말 아찔하지요. 의지할 곳이 없을 때 챗GPT가 구원의 손길을 내밀어줍니다.

> 나 방금 차 사고가 났는데 렌터카 직원한테 전화를 걸어야 하거든. 어떻게 말하면 좋을지 알려줘. 상대방 차가 끼어들어서 급히 돌리느라 벽에 박았어. 조금 긁힌 거 같은데 타이어도 상태가 안 좋아서 혹시 차를 바꿔줄 수 있는지, 올 수 있다면 언제쯤 올 수 있는지 물어보고 싶어.

렌터카 회사에 전화할 때 사용할 문장을 정리해 줄게.

렌터카 회사에 전화할 때 사용할 문장

「すみません、レンタカーを借りている○○(名前)です。運転中に事故がありました。」
(죄송합니다, 렌터카를 빌린 ○○입니다. 운전 중 사고가 났습니다.)

「他の車が急に割り込んできて、急ハンドルを切った際に壁にぶつかってしまいました。」
(다른 차가 갑자기 끼어들어서, 급하게 핸들을 돌리는 바람에 벽에 부딪혔습니다.)

「少し傷がついているようですが、タイヤの状態もあまり良くないので、車を交換してもらうことは可能ですか?」
(조금 긁힌 것 같은데, 타이어 상태도 좋지 않아서 차를 교체해 주실 수 있을까요?)

「もし可能であれば、いつ頃来ていただけますか?」
(가능하다면 언제쯤 와주실 수 있나요?)

추가로 대비할 표현

렌터카 직원이 상황을 더 물어볼 수도 있으니까, 이런 질문이 올 수도 있어.

✓「ケガはありませんか?」(케가와 아리마센카?)
→ 다친 곳은 없으세요?

> ✓ 「事故の場所はどこですか?」 (지코노 바쇼와 도코데스카?)
> → 사고가 난 장소는 어디인가요?
>   • 「ケガはありません、大丈夫です。」 (다친 곳은 없어요, 괜찮습니다.)
>   • 「現在○○にいます。」 (지금 ○○에 있습니다.)
>
> 이 문장을 참고해서 말하거나, 너무 긴장되면 핸드폰으로 번역문을 그대로 읽어도 괜찮아!
> 혹시 추가로 필요한 거 있으면 말해줘!

유튜브에서는 열심히 일본어를 가르치고 있지만 저의 본업은 여행사 직원이랍니다. 여행 파트에서는 현업에서 느낀 것들을 생각하며 설명해보았어요. 고객분들의 불편 사항을 살피다 보면 '언어'로 인한 것들이 굉장히 많음을 피부로 느끼기 때문이에요. 아는 만큼 보이고 들리는 만큼 즐길 수 있는 것이 여행이지요. 여러분들의 일본 여행이 더욱 풍성해지기를 바라봅니다.

챗 GPT가 떠먹여주는
독학 일본어 교실

초판 1쇄 발행 | 2025년 6월 16일

지 은 이 | 정은지
펴 낸 이 | 이은성
펴 낸 곳 | e비즈북스
편   집 | 김다연
디 자 인 | 파이브에잇

주   소 | 서울시 종로구 창덕궁길 29-38, 4-5층
전   화 | (02) 883-9774
팩   스 | (02) 883-3496
이 메 일 | ebizbooks@naver.com
등록번호 | 제2021-000133호

ISBN 979-11-5783-372-6   13730

e비즈북스는 푸른커뮤니케이션의 출판브랜드입니다.